Mastering **Chinese** through Global Debate

群英辩论：高级汉语教程

Dana Scott Bourgerie, 白杰理

Rachel Yu Liu, 刘瑜

Lin Qi, 祁林

Consulting Editors

Tony Brown, 托尼・包朗

Jennifer Bown, 詹妮弗・博朗

Georgetown University Press | Washington, DC

Library of Congress Cataloging-in-Publication Data

Bourgerie, Dana Scott, author.
Mastering Chinese through global debate/Dana Scott Bourgerie, Rachel Yu Liu, Lin Qi.
pages cm—(Mastering languages through global debate)
Includes bibliographical references and index.
ISBN 978-1-62616-305-8 (pbk. : alk. paper)—ISBN 978-1-62616-311-9 (ebook)
1. Chinese language—Textbooks for foreign speakers—English. I. Yu Liu, Rachel, author II. Qi, Lin, author III. Title.
PL1129.E5B68 2016
495.182'421—dc23 2015024231

∞ This book is printed on acid-free paper meeting the requirements of the American National Standard for Permanence in Paper for Printed Library Materials.

17 16 9 8 7 6 5 4 3 2 First printing
Printed in the United States of America

Text design by click! Publishing Services
Cover design by Martha Madrid Design Studio
Cover image © Wavebreak Media LTD/Wavebreak Media Ltd./Corbis

Mastering Chinese through Global Debate

Mastering Languages through Global Debate

Mastering Chinese through Global Debate
Mastering English through Global Debate
Mastering Russian through Global Debate
Teaching Advanced Language Skills through Global Debate: Theory and Practice

To aspiring foreign language learners throughout the world
in pursuit of truth through reasoned debate.

目录

单元

前言

有很长一段时间，美国的汉语教学范畴一直停滞在初、中级的水平，很难突破通往高水平的瓶颈。其中一个重要的因素就是缺乏优良的、符合现代语言教学要求的高水平教材，尤其是高水平的口语教材。很幸运地，《群英辩论：高级汉语教程》一书的出版，在很大程度上成功地弥补了这一缺点。

众所周知，美国的政界、商界及学术界等均需要大批具有高水平汉语的人才。这里所指的并非日常口语，而是正式的、专业的高水平汉语，即美国国务院外交学院 (FSI) 所定标准的"一般专业能力"(General Professional Proficiency) 等级，或美国外语教育委员会 (ACTFL) 所定标准的"超高级"(Superior) 等级。要达到这个水平，这些人必须能使用汉语提出专题报告，发表演讲，有深度地讨论抽象的话题，根据不同的听众层调整语言，讨论或辩论时能提出不同的观点，澄清立场，表示反对时能解释理由，且知道如何采取有效的语言策略来达到沟通的目的。《群英辩论：高级汉语教程》这本书正是教导学习者如何透过辩论的方法来提高自己的汉语水平，以达此等级。

这套教材的优点甚多，包括：话题有时代性且有趣；语言自然而真实；介绍大量有用的高级词汇、成语及句型；每课均有针对性的高级听力练习、高级口语练习及写作练习，加上语言注释、文化笔记、辩论技巧要点及高级语法提示。此外还有配套的录音材料，包括课文录音与模拟辩论。这些录音材料及每课的练习题的标准答案均能在乔治城大学出版社本书的网站上找到。

《群英辩论：高级汉语教程》一书特别适合大学中文四、五年级，强化型密集中文项目，或高级水平中文留学项目。此等高级水平的教材，美国的中文教学界引颈盼望已久，学习者若能认真学习，必能将其中文水平推往更高一层的境界。能向各位推荐此书，我深感荣幸!

顾百里 (Cornelius C. Kubler)
美国威廉大学史丹费尔德客座教授
南京大学－约翰斯 ｜ 霍普金斯大学中美文化研究中心美方主任

致谢

在编写和制作本教材的过程中，我们得到了来自各方面的大力支持。我们十分感谢杨百翰大学 (BYU) 的两位同事 Tony Brown 教授和 Jennifer Bown 教授邀请并鼓励我们开始这一编写项目，他们为本教材的总策划提供了许多有用的模板和思路。BYU 人文学院院长 John Rosenberg 为我们提供了丰富的资源和财政支持，使得本书能够顺利完成编写。与此同时，BYU 人文学院编辑中心和数码人文中心为本书的编辑排版提供了许多技术支持。

本教材的编写思路，来源于 BYU 中文领航项目高级口语课程学生的学习经验，他们在课程中如何进行辩论，该课程的教学目标和内容正是本教材的一大出发点。

我们也非常感谢三位学生助理在翻译和排版编辑方面的协助，他们分别是廖郁方、王嘉群、杨旻翰。

我们的同事饶博荣 (Steven Riep) 教授，王淑培 (Shu-Pei Wang) 教授，吴辛夷 (Xinyi Wu) 博士，陈晓倩 (Hsiao-chien Chen) 老师，以及纽约市立大学亨特学院的赵德麟 (Der-lin Chao) 教授、威廉姆斯学院的顾百里 (Cornelius Kubler) 教授对于初稿提出了许多宝贵的意见。另外，我们也十分感谢匿名审稿人对于教材修订稿提出的建设性建议和批评。

最后，感谢乔治城大学出版社编辑 David Nicholls、Glenn Saltzman 编辑和 Clara Totten 编辑对本教材的修改、出版所提供的反馈和支持。

本书介绍

《群英辩论：高级汉语教程》是根据美国外语教育委员会（ACTFL）的指导方针为具有高级水平的汉语学习编写的综合性教材，其目的是帮助使用此书的学生达到超高级语言水平（Superior）。

从高级水平发展至超高级水平，学习者必须能够讨论抽象的话题，阐明并支持某一观点，同时，还能够根据不同的听众调整语言表达方式。这些技能提供了强有力的平台。

《中文—国际辩论》中的话题经过精挑细选，主要围绕以下六大主题：**环境与经济、干涉主义与孤立主义、财富再分配与自给自足、人口自由迁徙带来的机遇与挑战、国家安全与个人自由、教育与实战经验**。成人学习者通常对这一类话题较为感兴趣。

教材结构

《中文—国际辩论》包含六章，每章以辅助练习引入话题，通过练习，学生首先阅读理解各章课文的核心内容与观点，帮助学习者思考和了解各话题的背景知识。这些练习可以训练学生清楚地表达（包括口头及书面）与各个话题相关的观点，同时也辅助学生阅读理解各章课文的核心内容与观点。

每章的课文都是中国记者所撰写。这些内容原汁原味，未经删减，所以足以体现中国人的表达风格，并在词汇方面提供大量丰富而多样的语言表达。每篇文章介绍都围绕话题展示的展示辩论双方的论点和论述过程。与此同时，每个阅读任务均附带一个阅读理解练习，以检查学生的理解能力。

各章的主要教学目的之一是提高学生的词汇量。这些词条并不是以单个词汇引入的这本教材跳脱了传统的单个词汇引入方式，书中的每个单词均以常用组合形式出现在特定语境中。而是以常用组合搭配的形式出现。这些词汇的选取是根据由其在语料库中的使用频率决定的。在本书中，学生在使学生会被要求使用在线语料库完成练习来加强词汇知识的过程中，了解词义的基础上，学习不仅能够直接获得词义解释，还能各个词语单词在不同特定语境中的使用用法。开放式的问题讨论能通过提供上下文，有效地引导和训练学生应用从文章中了解学到的新词进行表达述。与此同时，每个单元还穿插关于语法及文化小提示。上述教材设计上述教材设计对于帮助学生使用正式的口语表达并培养有针对性的写作、表达能力至关重要。此外，教材还着重强调了现代汉语书面表达以及成语在演讲与写作当中的合理运用。

本教材的一大特点是不提供英文注释或标示标音，学生在语料库中学习新单词的同时也可以了解到单词在不同语境中的用法和词义。学习者在这一学习阶段，应该学会通过这种方式发展其英语能力，以便日后在中文环境中与中国人交流时学习新词。

学生熟悉话题并掌握讨论中必需的词汇后，便可以将注意力放在辩论准备上。在“组织分析性的话语”部分里，学生学习到如何将学习组织复杂从句，特别是使用假设性句式，这是超高级水平学生语言运用中一个极为重要的环节。学生需要在角色扮演的过程中触类旁通，针对某一问题，以不同的立场，清晰地表达观点。

听力部分为学生提供简短的模拟辩论，包括展开话题、提出并证明论点以及支持和反驳观点论点所需的重要连接语句。

最后两部分，“提出观点的方式：口语”和“组织辩论：写作”是整本教材的关键环节，之前的章节是这两部分的铺垫。在口语部分中，学生会接触到辩论时常用的重要修辞策略，例如假设性、定义性问题和价值性问题。在写作部分中，学生会接触到议论文的元素：从起草中心句到构思段落，再到修改策略。写作部分还包括一篇中国专家的议论文——作为表达其中一方观点的范例。每个部分的末尾，学生需要站在特定立场，运用所学知识与班级同学讨论一个问题并完成一篇议论文。

这本教材可以作为独立教材使用或与其他资料配合使用。

网络资源

本教材除了《群英辩论：高级汉语教程》课本以外，还有配套的录音材料。每一课的录音材料包括课文录音和模拟辩论录音，其中模拟辩论的例文和指导语都能在录音材料文件中找到。在课文中，学生能通过符号找出配有录音材料的部分。这些录音材料都能在乔治城大学出版社 (Georgetown University Press) 网站的教师资源 (Teacher's Resources) 中找到：press.georgetown.edu/georgetown/instructors_manuals。

在本教材中，符号表示学生会使用北京大学现代汉语语料库 (http://ccl.pku.edu.cn:8080/ccl_corpus/index.jsp) 或者台湾中央研究院现代汉语平衡语料库 (http://app.sinica.edu.tw/kiwi/mkiwi/) 完成练习。这两个网上的语料库资源均免费开放给用户。截至目前，北大语料库的语料包括 783,463,175 字符数，其中现代汉语语料包括 581,794,456 个字符，古代汉语语料 201,668,719。台湾中央研究院语料库包括文学、生活、社会、科学、哲学和艺术等 19,247 篇文章共 11,245,932 个词数的语料。

本教材也配有练习答案，教师能在乔治城大学出版社 (Georgetown University Press) 网站的教师资源 (Teacher's Resources) 中找到：http://press.georgetown.edu/georgetown/instructors_manuals。我们邀请教师阅读由 Tony Brown 和 Jennifer Bown 主编的《*Teaching Advanced Language Skills through Global Debate: Theory and Practice*》一书，以更好地了解如何帮助学生达到高级以上的汉语水平，该书在能在乔治城大学出版社 (Georgetown University Press) 及其他书店、网站中有售。最后，教师也能在作者的网站 (http://masteringchinese.byu.edu) 找到不同主题的中文辩论录音的链接，以及其他针对教师及学生的辅助教材。

单元
1

环境保护视角下政府角色的悖论：在环保中发展还是在发展中环保

经济与环境

(Credit: By Digital Globe)

阅读前导活动

话题介绍

A. 根据下列图片和相应的描述，与同学讨论以下的问题：

1. 以下各个图片中分别代表什么事件？是何时 / 何地发生的？
2. 你认为这些是天灾还是人祸？根据每个问题的产生原因说明你的理由。
3. 在你的国家有类似的问题吗？向一个同学介绍你的国家的环境问题。

漏油事件造成八千多只动物死亡或受伤 (Credit: US Gov NOAA)

北极熊受到全球暖化的威胁 (Credit: "Sow and Cub Polar Bear" by Alan D. Wilson)

北京的浓雾造成上百班航班取消 (Credit: "Beijing Smog" by Kevin Dooley, Chandler, AZ, US)

日本核电厂爆炸散射出放射性碎片 (Credit: By Digital Globe)

B. 在语言注释1中，你会学到与环境保护有关的专用词语，了解它们的意思和用法，将对你讨论这一话题有所帮助。

环境保护方面的专用词语

绿色（形容词，名词）：原意指一种颜色；环保方面泛指环保的

- 绿色经济、绿色城市、绿色校园、绿色未来、绿色消费

低碳（形容词）：原意指碳排放量低；环保中指环保的、污染少的

- 低碳生活、低碳经济、低碳社区、低碳产业、低碳时代

生态（形容词，名词）：环保的、自然的

- 生态农业、生态工业、生态旅游

可持续发展（名词，动词，形容词）：环境和社会协调发展，保护环境，使后代也能继续发展

- 通过科技项目，实现当地渔业的可持续发展。
- 许多科技企业为实现可持续发展的目标不断努力。

节能减排（名词，动词）：节约能源、减少污染排放

- 国家总理主持会议研究部署节能减排和应对气候变化工作。
- 当地开展节能减排、低碳生活的宣传活动。

C. 请用你自己的话，解释课文的标题："环境保护视角下政府角色的悖论：在环保中发展还是在发展中环保。"

D. 根据课文的标题，请列出课文中可能会讨论的问题。

1. 污染
2. 绿色能源
3. ____________________
4. ____________________
5. ____________________
6. ____________________

勾勒思路图

A. 激发你的灵感当讨论环境与经济问题时，你会想到哪些词，越多越好。整理你的思路，填写下列图表，绘制两张思维导图。读完课文后，你可以加入更多信息，现在若无法填写，可以先留空。

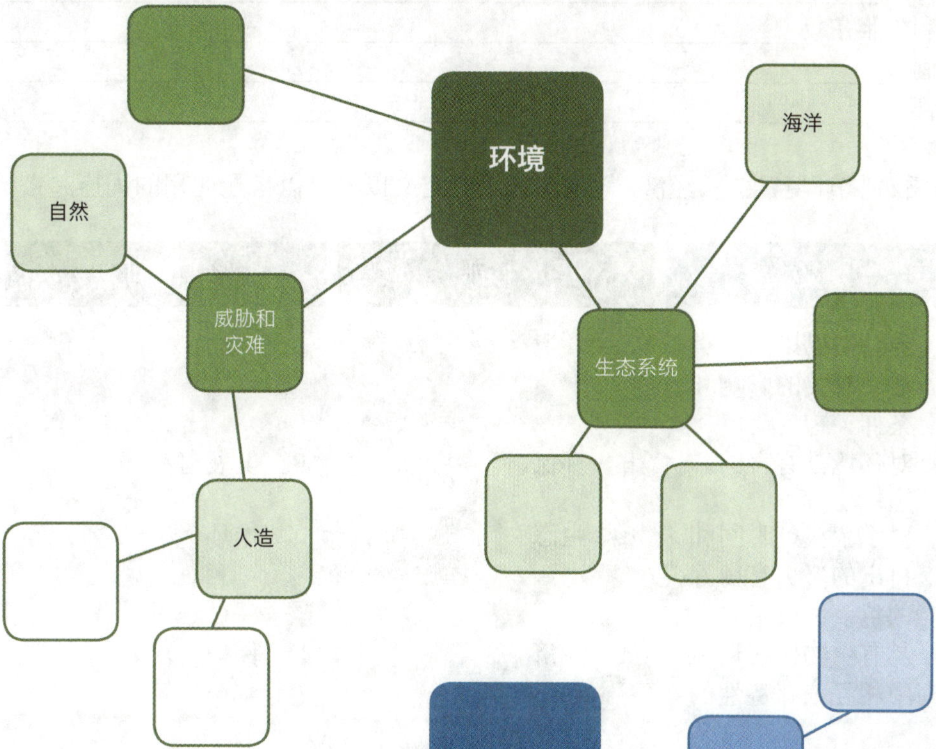

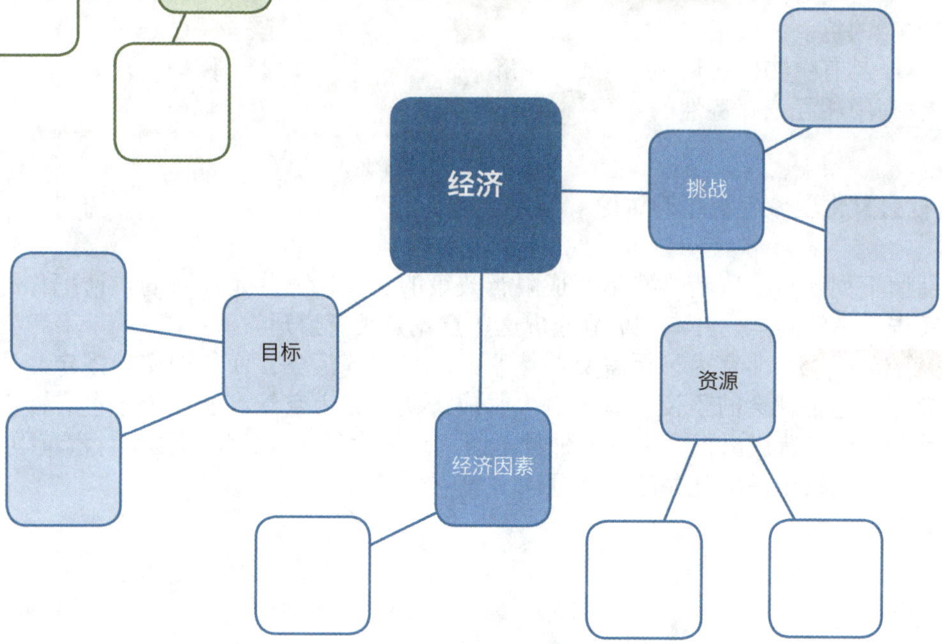

B. 对比你和同学的思路图，激发更多灵感。完成两张思路图后，看看什么样的话题能把两张图联系起来。也就是说，什么样的话题与环境、经济都有关。

C. 请在“环境、生态、经济”中选择一个与下列词语组成正确的搭配。

1. 一个健康的__________
2. 污染__________
3. 利伯维尔场__________
4. 刺激__________
5. 都市__________

D. 连连看：把“环境、生态、经济”等词与词语的定义以及可以搭配使用的词连起来。

定义	生词	搭配词
1. 与自然界以及人类活动有关的影响和条件	a. 环境	A. 产品
2. 对环境没有害的	b. 环保	B. 发展道路
3. 对于金钱、时间和付出的努力有良好的价值和回报	c. 生态	C. 循环
4. 具有生物体在环境中相互依存特性的	d. 经济	D. 保护

关于社会文化现象与观点的讨论

A. 阅读下列观点，判断哪些是赞成限行政策的意见，哪些是反对的。请把你的答案告诉你的同学，并向他 / 她分析这些意见是否有道理。

文化笔记 北京为了缓解交通堵塞，减轻空气污染，实行的交通规定。这一规定引起了社会的争议，有不少人赞成，认为城市空气有所改善；也有许多人反对，认为造成出行、生活的种种不便。防治大气污染，该不该实行汽车限行，这成为北京市民十分关注的问题。

B. 请谈谈你赞成哪一方的观点，并解释你的看法，同时介绍你的国家或城市是如何治理城市空气污染的问题。

限行期间，每天汽车污染物排放量减少 375 吨，这证明了限行所取得的成效。

限行有利于环保，必须限，尤其应该限制公务用车。

严重损害有车一族利益。

城市环境污染和交通拥堵的根子并非车辆增加。

治理城市环境污染并非只有限行一招，不必做得过于极短。

应立法限制机动车总量、提高油品质量、推行公交优先来改善城市空气。

了解这一话题

阅读课文

A. 在阅读课文时，请列出辩论双方的观点，并填写于下列的表格中。

环保人士	现实主义者	怀疑论者
•	•	•
•	•	•
•	•	•
•	•	•
•	•	•
•	•	•
•	•	•
•	•	•
•	•	•
•	•	•
•	•	•
•	•	•

B. 听录音播客 *1*，注意你不熟悉的词语的发音。

环境保护视角下政府角色的悖论

2013 年 5 月—7 月间，中国一些官方主流媒体以罕见的姿态同时行动，它们发布一系列新闻报道，为之前饱受诟病的“PX 项目”[1] 正名——力图消除人们心目中关于这一化工项目的恐惧、抵抗和怨恨的心态。

在这些媒体中，《人民日报》和中央电视台（CCTV）尤其引人注目。在《人民日报》的报道中，PX 项目被描绘为“其致癌性与咖啡同级”的绝对安全的化工产品。更重要的是，PX 产品是“当今人们生活中必不可少的元素”——没有 PX，现代人的衣食住行都会受到巨大影响。而在中央电视台的报道中，中国工程院院士、清华大学化工系教授金涌以及国家安全监管总局化学品登记中心副主任牟善军两位专家不仅向电视观众解释了 PX 项目的安全性以及对当代社会的巨大作用，更重要的是他们告诉观众，包括美国、日本、新加坡等很多国家在内的发达国家都是生产 PX 产品的大国，而且在这些国家中，相当多的 PX 企业的厂址离居民区都很近，所以，民众完全没有理由拒绝和反感 PX 项目。

作为官方的喉舌，《人民日报》和中央电视如此为 PX 这样一个化工项目背书，其背后折射出中国社会发展、尤其是经济发展与民众对环境保护之间要求的矛盾。在这个矛盾中间，政府扮演着既重要又尴尬的角色。一方面，PX 产品具有庞大的市场需求，可以带来丰厚的市场利润，因此中国各级政府出于经济增长和积累政绩需求，大都愿意积极地引进 PX 项目；但是另一方面，民众担心 PX 项目带来的环境污染、安全等等方面的问题，尤其是对政府处理这些问题的不信任，导致近年来全国各地爆发了多起民众反对 PX 项目落地本地的公共事件。比如，2007 年 5 月—6 月，福建厦门市民采取集会、请愿等等形式，向厦门政府施加压力，成功地阻止了 PX 项目落户厦门；2011 年 8 月 14 日发生在辽宁省大连市的民众也采取了公民抗议运动抗议大连市引进 PX 项目在大连市继续生产。据日本媒体报道大约一万两千人参与了街头游行。该事件促使中共大连市委和大连市人民政府于当天作出 PX 项目立即停产并搬迁的决定。2012 年 10 月，在浙江宁波市民的持续抗议下，宁波镇海炼化扩建一体化项目前期建设工作停止，再做进一步的科学论证。同时政府承诺，坚决不上任何 PX 项目。[2] 尽管上述事件都以政府让步为结局，但是这类“官”与“民”之间的对抗并未消失，其背后的“经济发展”与“环境保护”之间的矛盾在中国社会也将长期存在下去。

频发的“PX 事件”是中国“经济发展”与“环境保护”之间张力的典型表征。它反映了近年来中国在经济发展和环境保护这两方面面临的矛盾，其核心在于“经济发展”和“环境保护”之间的对立——这是一个全球性的问题，中国也不例外。说一些陈词滥调很容易——“既要经济发展，又要保护环境”，汉语中有更漂亮的修辞——“既要金山银山，又要绿水青山”。但落实到中国现实，情况远比想象的要复杂得多。在所有的复杂因素中，最关键的又饱受争议的角色就是政府。

在上述“PX 事件”中，有意引进 PX 项目的，都是中国各级地方政府，如厦门市政府、宁波市政府等等。引进该项目，无疑可以拉动地方经济增长，创造 GDP ，进而增加税收，创造就业岗位等等。但与西方社会不同的是，中国政府是经济发展的主体，而在西方，这一角色往往是由企业家扮演的。换言之，政府主导了中国经济发展的规划、设计、实施、运作以及享受经济发展成果的全部过程。相对于政府这样一个庞大的权力机构，企业家、民众、民间机构（NGO）都是配角，他们被要求服从政府在经济增长方面的整体规划。

政府不仅享受巨大的决策、规划和实施的权力，更重要的是，中国用一整套制度保证了政府主导和支配经济发展的动力。新加坡国立大学房地产研究院院长邓永恒教授通过研究发现，中国内地中小城市官员的升迁概率与 GDP 增长关系密切，GDP 增速比前任提高 0.3%，官员升职概率就高于 8%。研究还发现，如果官员任期内长期把钱花在民生和环保，升迁概率是负值。GDP 增长关系着官员的“官帽”、关系着官员的升迁。没有 GDP 的增长，就难有职位的升迁。可以说，中国大多数官员的升迁和 GDP 数据呈正相关的关系，他们必须把 GDP 增长作为职位升迁的砝码，被 GDP 牵着鼻子走。[3]

政府主导经济发展乃至整个国家的发展——这种模式发挥了巨大的效益。中国近 30 年的“大国崛起”即得益于这种模式。简言之，国家可以调动所有的资源和条件来做一些“大事”，这些大事包括经济发展。但是，在这种模式支配下，中国的环境保护也容易陷入国家主导模式中。这造成了一对矛盾，即国家（政府）既是环境保护的主导者，是重大环保工程的策划者、管理者和实施者，但另一方面国家（政府）作为具有巨大经济发展动力的权力主体，是大型经济工程尤其是工业工程的始作俑者。于是在民众眼里，它们往往又是自己生活环境的破坏者——工业尤其重工业是污染的主要源头。

因此，一种批评政府的观点就出现了：正是政府自私的、无节制地发展经济，尤其是工业经济，这才导致了中国环境的持续恶化。因此，在诸多环保案例中，政府都是民众和舆论直接指责的对象。2009 年 11 月的《凤凰周刊》刊登一篇文章，详细描绘了“癌症村”在中国的分布。所谓“癌症村”，是指“在某一固定空间和固定人口如乡村中，有一定数量的人口罹患同一种癌症，或者，某一癌症在该空间内的发病率骤增。根据流行病学分析这种癌症与生存环境有一定联系”——这样的村庄就叫“癌症村”。从文中我们可以看出，高污染的工业企业对中国传统乡村社会造成的环境伤害令人触目惊心，而这些企业能够入驻当地并肆无忌惮地排放污染物，和当地政府的支持乃至纵容有着很大的关系。而且，在制度设计方面，政府本身就没有赋予环保部门较大权力——政府当中的“环保部门”无法管理“GDP 部门”。如此，民众对政府“自己”管理“自己造就的污染”没有信心。文章说得很清楚，这种制度“不动声色中决定了癌症村民们沦为牺牲品”。

在这样的观点和修辞引导下，在民众的普遍观念中，中国各级政府是环境污染的罪魁祸首，在诸多环境污染事件中，他们也承担着民众和舆论的指责。但另外一种观点并不这么认为。如果我们深入思考环保背后的问题，就会发现中国的环境问题是各方面元素的综合。也就是说，“环境恶化”或许是历史发展的必然，单纯靠某些人、某些机构是无法改变这一切的。而且在中国，由于体制和传统文化等方面的原因，恰恰导致唯有中国政府才具有解决环境问题的能力。

首先，中国的经济增长是不可能停止的，“发展才是硬道理”[4] 委实是最“硬”的道理。这句话的背后是中国民众对积累财富、改善生活的巨大渴望。换言之，绝不能低估中国人发展经济、改善生活的动力。这种动力首先来自中国人对贫穷刻骨铭心的记忆。改革开发前，中国社会经历了漫长的贫困的岁月，比如中国农村大概要到 1970 年代末才真正解决温饱问题。中国目前只有“富二代”，也就是说，中国刚刚出现“第二代”富人，远没有形成成熟稳定的富裕阶层。对于大多数中国人来说，他们依旧具有巨大的热情改善生活，积累财富。一个典型的例子就是至今每年有成千上万的农民愿意离开自己的故乡（往往是绿水青山的农村）来到城市，忍受着恶劣的生活条件从事着繁重的工业劳作，为的就是改善和提升自己的生活水平——从传统的农业社会的生活改善到现代工业社会的生活。他们成为城市的廉价劳动力，进而成为生产风靡世界的“中国制造”的农民工。而中国城市人的工作压力也是世界最大的。这说明，中国民众积累财富，改善生活的热情是不可小觑的。所以，就“经济发展这一命题来说，政府和民众的根本利益是一致的——他们都渴望经济能够高速稳定提升。所以，并不存在在中国“经济发展”与“环境保护”之间的矛盾——经济是一定要发展的，“为了发展经济而改变自然环境”——这是完全可以接受的，只要政府处理好二者之间的关系。在中国，环境问题的本质是“官”（政府）与“民”（民众）之间的矛盾，不是经济发展与环保之间的矛盾。换言之，很多人相信，只要官员足够好，环境问题就足以解决。

其次，是全球化背景的产业结构转移的问题。

中国环境问题的直接原因是整个国家正在进行的工业化进程。从轻工业到重工业造就的“中国制造”既污染环境、大量消耗资源，又剥削劳动力，但大大提升了经济水平。但“中国制造”不是由中国独自完成的，而是诸多国家通过“全球化”协作完成的。20 世纪 80 年代以后，美、欧、日等发达国家把劳动密集型产业和一般技术密集型产业向发展中国家转移，特别是把加工制造业和电子信息产品制造业向中国内地转移，发达国家自己则重点发展知识密集型产业，如美国硅谷的崛起。这一次的产业转移是通过生产要素（劳动力、资金、资源、原材料、技术等）的全球范围流动和全球价值链垂直分工得以实现，是真正意义上的经济全球化。在这种产业全球化的过程中，中国经济学家郎咸平认为出现了一种所谓的“产业链阴谋”[5]——中国环境污染的真正源头正在于此。也就是说，西方发达国家控制“产业链”的“高级部分”：产品设计、原料采购、仓储运输、订单处理、批发经营和终端零售——这些都是“非制造业”的，即是没有“环境污染”的部分。唯独将带来重度环境污染、资源消耗和劳动力剥削的“生产制造”——产业链中的“低级部分”转移到中国。这才是“中国制造”的本质，也是中国经济腾飞的基础。“生产制造”恰恰是污染环境、消耗资源最厉害的部分，但中国无可奈何。在这样一种全球化的产业结构布局下，中国政府要么顺应时代潮流的要求，“消耗资源、污染环境”——成就“中国制造”，获得经济尤其是 GDP 总量的飞速发展，要么就得再次错过新一轮的发展机遇。这是历史的必然，那么是不是可以说，中国的环境污染也是不可避免的呢？甚至有人说到，发达国家可以把“污染”转移到中国，中国能将其转移到哪里去呢？

事实上，在环境保护方面，虽然近年来中国民众愈发不信任政府，他们认为政府只想赚钱，官员只想升官，他们是不关心环境的。但是，往往被民众和舆论普遍忽略的是，恰恰是中国政府正在从事一些庞大的环保工程。

如从1978年开始启动的“三北防护林”工程，[6] 即在中国的三北地区，即西北、华北和东北人工建立的大型林业工程，该工程有效缓解了中国北方的沙漠化进程。中国政府在1989年就发布了《环境保护法》，将保护环境上升到法制层面。2008年，中国正式成立“中华人民共和国环境保护部”，从国家的宏观层面和整体层面开展环境保护工作。近年来，针对一些污染严重的区域，各级政府也花费大气力予以治理，如云南省政府对滇池污染的治理、江苏省政府对太湖流域的治理、由中央政府牵头联合河南、安徽、江苏、山东四省对淮河流域污染的治理等等，也取得了一定的成效，而没有中央政府牵头，“联合治理”是不可能的。

中国政府自身所具备的强大的协调能力和管理能力也有助于环境保护策略的有效实施。政府制定的《石化和化学工业“十二五”发展规划》中显示：长三角、珠三角、环渤海地区三大石化产业区集聚度要进一步提高，形成3–4个2000万吨级炼油及3个200万吨级乙烯生产基地，布局建设世界级石化产业基地，做强长三角、珠三角等石化产业群。业内专家表示，如此则使化工园区成为发展循环经济的载体，环保问题也将就此解决。而这也正是欧美等国家的做法。美国逾45%的基础石化工业活动和全美能源公司200强中有45家，坐落于休斯顿化工区。休斯顿具备油气资源、大型炼厂、淡水和港口四大优势条件，以石油化工为主导产业，其所生产的产品在传统粗放型工业生产模式之下会造成很大的环境污染。但是，经过一系列科学筹划，休斯顿工业园却没有造成严重的环境破坏，反而充分利用企业之间的产业形态互补实现了最大化的规模效益。在中国正在学习休斯顿曾经的做法，通过大范围的综合管理协调，统一考虑经济、生态、民生各方面的要求，在全国范围内力图协调好化工增长和环境保护之间的关系。这种大规模的，跨行业、跨地区的举措在中国也只能是政府主导完成。中国官方自己也意识到环境保护的迫切性以及与经济发展之间的矛盾。2013年6月，中共中央总书记习近平在全国组织工作会议上强调，把民生改善、社会进步、生态效益等指标和实绩作为重要考核内容，明确说明再也不能简单以国内生产总值增长率来论英雄。中国官方媒体认为“以GDP论英雄的时代即将彻底终结”。

但同时，政府的悖论再一次出现——新一届中国政府又将中国未来经济发展的动力锁定于“城市化”，即通过农村的城市化持续推动中国经济的发展，于是城市化背后的环境污染压力也正愈发引起各方面的忧虑。在“环境/发展”这对矛盾中，中国政府的角色日益复杂、模糊或尴尬，这不是单纯的经济发展或环境保护问题，甚至也不是更为复杂的政治问题或制度变革问题——如何面对这个问题的复杂性，是我们在思考中国环保问题时必须首先加以考虑的。

注释

1. PX 是英文 p-xylene 的简写，汉语名称叫“对二甲苯”。该产品广泛用于有机溶剂和合成医药、涂料、树脂、染料、炸药和农药等。关于其“有毒性”，国际上存在争议：一方观点认为，PX 有毒，是一种危险化学品，对胎儿有极高致畸形率，其蒸气与空气能形成爆炸性混合物；另一方则认为，PX 属低毒物质，缺乏对人体致癌性证据的物质。近年来，中国民众普遍对 PX 项目持反对和抵触心态，认为其危害环境和人体健康；但是，由于 PX 产品巨大的市场需求，处于经济发展的需要，中国各级政府对 PX 项目普遍持欢迎态度，这形成了政府与民众之间的巨大矛盾。
2. 厦门 PX 事件的过程参见 http://baike.baidu.com/view/3114002.htm；大连 PX 事件的过程参见“维基百科”http://zh.wikipedia.org/wiki/ 的词条“大连反对 PX 项目游行”；宁波 PX 项目事件参见 http://www.takungpao.com/mainland/node_13226.htm。
3. 参阅“新华网”:“不能再以 GDP 论英雄”，http://news.xinhuanet.com/politics/2013-07/01/c_124937982.htm。
4. 这句话是邓小平的名言，后来成为主导中国经济发展基本政策的理念和口号。参阅：http://www.chinatax.gov.cn/n8136506/n8136593/n8137681/n8733543/n8734723/8735322.html。
5. 关于“产业链阴谋”的观点，参见郎咸平：《产业链阴谋》，东方出版社 2008 年半。网络部分阅读参见：http://lz.book.sohu.com/serialize-id-10983.html。
6. 三北防护林工程的历史和发展，参阅 http://baike.baidu.com/view/102256.htm。

阅读理解

A. 请选择最正确的答案，回答下列问题。

1. 这篇文章是的主要目的是?
   a. 说明 PX 化工项目的重要性，为何民众应该支持该项目。
   b. 让读者了解在环境问题中政府所扮演的角色如何引起争议。
   c. 揭示高污染的工业企业对中国传统乡村社会所造成的环境伤害。
   d. 指出以国内生产总值增长率来论英雄是环境污染的根本原因。
2. 下列哪一项符合文章中人们所提到的观点?
   a. PX 化工项目与咖啡不同，PX 是化工产品，有致癌成分。
   b. 发达国家因为 PX 产品对人体有害，而禁止企业生产 PX 产品。
   c. 因为 PX 项目能带来经济增长，所以不少政府积极引进该项目。
   d. 许多民众认为 PX 产品是生活中必不可少的，并不拒绝其生产项目。
3. 文章是如何分析“中国政府是经济发展的主体”？
   a. 政府主导经济发展而忽略企业的发展、民众的生活。
   b. 政府策划的经济工程恰恰是环境的最大破坏者。
   c. 由于政府主导和支配经济发展，造成了许多官员腐败的现象。
   d. 政府没有赋予环保部门较大的管理和执法权力。

4. 根据文章，对政府是环境恶化问题的始作俑者持反对意见的人的理由是什么?
   a. 由于产业链中“生产制造”部分转移到中国，造成中国的环境问题，因此环境恶化是全球产业结构转移的后果。
   b. 政府和人民都渴望经济高速发展，他们在发展过程中都忽略环境保护问题。
   c. 环保部门没有足够的权力管理污染，应该负环境污染的主要责任。
   d. 环境恶化是一个国家现代化发展的必然，是无法改变的。
5. 文章所提到的“政府的悖论”指的是什么?
   a. 在“环境和经济”这对矛盾中，政府缺乏有效的法律机制，确保二者的和谐发展。
   b. 政府在经济效益方面和民生改善、生态效益方面对官员绩效的考核标准存在矛盾之处。
   c. 政府一方面是社会重要的领导者和管理者，但在环境保护方面却失去民众的信任。
   d. 政府在追求经济高速发展的同时兼顾对环境和资源的保护两方面存在矛盾。
6. 中国媒体认为“以 GDP 论英雄的时代即将彻底终结”说明了?
   a. 中国为了保护资源和环境，将逐渐把产业链中“低级部分”转移到别的国家。
   b. 中国的环境问题将不再是官和民的矛盾，政府将不再成为环保的主要决策者。
   c. 生态效益将成为中国官员政绩考察的一个重要因素和标准。
   d. 中国将在未来经济发展中减少城市化、工业化发展对环境的影响。
7. 这篇文章主要讨论的是?
   a. 政府在追求经济利益和保护环境中扮演这矛盾的角色。
   b. 官员过分追求 GDP，而造成环境的不断恶化。
   c. 中国因为处于产业链的低级部分而造成严重的环境问题。
   d. 中国建设兼顾生态效益和经济效益的工业园。

B. 根据课文内容，把下列句子填写完整。
1. 民众对政府处理 PX 项目问题不信任，引发多起抗议，比如……
2. 在“环境 / 发展”这对矛盾中，中国政府的角色十分复杂，是因为……
3. “癌症村”的出现说明了……
4. 之所以说环境问题是由全球化背景的产业结构转移所引起的，是因为……
5. 在中国，以 GDP 论英雄的时代即将彻底终结，这意味着……

掌握词汇

词语搭配	
经济和环境领域	**综合领域**
1. 污染排放量 Wūrǎn páifàng liàng	1. 破坏性的影响 Pòhuài xìng de yǐngxiǎng
2. 区域发展 Qūyù fāzhǎn	2. 可预见的未来 Kě yùjiàn de wèilái
3. 保护措施 Bǎohù cuòshī	3. 迫在眉睫的威胁 Pòzàiméijié de wēixié
4. 就业机会 Jiùyè jīhuì	4. 缩小差距 Suōxiǎo chā jù
5. 不可再生资源（vs. 可再生资源） Bùkě zàishēng zīyuán	5. 长期的解决方式 Chángqí de jiějué fāngshì
6. 原油泄漏 Yuányóu xièlòu	6. 互相排斥 Hù xiàng páichì
7. 创造就业机会 Chuàngzào jiùyè jīhuì	7. 引起争议 Yǐnqǐ zhēngyì
8. 削减支出（政府） Xuējiǎn zhīchū (zhèngfǔ)	8. 紧迫的 / 显着的问题 Jǐnpò de/xiǎnzhù de wèntí
9. 利用 / 滥用自然资源 Lìyòng/lànyòng zìrán zīyuán	9. 平衡双方利益 Pínghéng shuāngfāng lìyì
10. 衍生利益 Yǎnshēng lìyì	10. 提出问题 Tíchū wèntí
11. 防止 / 监测污染 Fángzhǐ/jiāncè wūrǎn	11. 优先考虑 Yōuxiān kǎolǜ
12. 现实利益 Xiànshí lìyì	12. 收支平衡 Shōu zhī pínghéng
13. 帮助人民摆脱贫困 Bāngzhù rénmín bǎituō pínkùn	13. 有效利用 Yǒuxiào lìyòng
14. 维持经济发展 Wéichí jīngjì fāzhǎn	14. 视为理所当然 Shì wéi lǐsuǒdāngrán
15. 稀有动 / 植物 Xīyǒu dòng/zhíwù	15. 优先地位 Yōuxiān dìwèi

拓展词汇

A. 使用上面的词语搭配，完成阅读前导活动中的思路图。你可以加入一些新的文本框和词语。

B. 从下列词语中选择正确的填空。

词汇库		
引起争议	保护措施	收支平衡
滥用资源	破坏性的影响	迫在眉睫的威胁
优先地位	维持经济发展	区域发展

1. 从本次监测的结果分析，地震对该地区的古建筑没有造成 ______。
2. 近年来，国家逐步形成了各有侧重的 ______ 战略，这就是实施西部大开发、振兴东北地区等老工业基地、促进中部地区崛起、鼓励东部地区率先发展。
3. 杭州近日推出的经适房交易规则 ______，对此，政府终于给出明确的说法。
4. 该企业的管理者表示，企业目前已经实现 ______，预计在 2012 年实现盈利。
5. 中俄互为最主要、最重要的战略协作伙伴，中国人民对俄罗斯人民有深厚的感情。两国关系在各自外交全局和对外政策中都占据 ______。
6. 一些人只知道想让经济发展，却不知道经济发展为了什么。经济发展的根本目的是让人们生活幸福。人口多得环境和资源都承受不了了，用人口红利来 ______ 是最愚昧的发展思路。
7. 教育中介机构傍上重点高中这棵"大树"以后，把招生办公室与教学场地设在重点高中的校本部，打着重点高中的牌子，______，获取巨额利益。
8. 对菲律宾而言，气候变化、海洋污染和过度捕捞是 ______，已经威胁到菲律宾作为全球海洋生物多样性的领导者的地位。
9. 政府很早便制定了个人信息保护方针和信息安全方针，对个人信息实施 ______。

C. 为下表左边的词语选择最正确的搭配，到"北京大学 CCL 语料库检索系统"（点击"汉英双语语料库"，选择"高级查询"；也可以直接输入网页地址 http://ccl.pku.edu.cn:8080/ccl_corpus/advance_search.htm 进入）把生词及其可能搭配的词语输入在两个空白，然后选择"有序相距小于等于"选项并在后面空格填写多少字（例如：30）。然后点击"Search"。（你也可以试试中央研究院现代汉语平衡语料库 http://www.sinica.edu.tw/SinicaCorpus。

北京大学语料库

CCL 高级查询 普通查询 | 语料库说明 | 使用说明

搜索 全部 语句中 年 与 增长 有序相距小于等于 30 字 CCL_CECorpus_Search

经济与环境	搭配词			
1. 年	a. 增长率	b. 争议	c. 收入	d. 薪资
2. 毁灭性的	a. 益处	b. 破坏	c. 污染	d. 疾病
3. 非再生	a. 排放物	b. 辩论	c. 资源	d. 问题
4. 经济	a. 挑战	b. 税收	c. 改革	d. 禁令
5. 提高	a. 优点	b. 成本	c. 差距	d. 排放物
6. 警迫的	a. 任务	b. 影响	c. 资源	d. 危险
7. 前所未有的	a. 漏油	b. 生物种类	c. 债务	d. 挑战
8. 满足	a. 影响	b. 抗议	c. 威胁	d. 需求
9. 混乱的	a. 疾病	b. 危机	c. 利益	d. 制度
10. 节约	a. 能源	b. 影响	c. 债务	d. 税收

D. 在 C. 中选择五个与生态环境有关的词，用每一个词分别写一个表明你的立场或观点的句子。

1. ______________________________
2. ______________________________
3. ______________________________
4. ______________________________
5. ______________________________

了解词汇意思

语言注释二

及物动词是当动词后面能带一个宾语，例如“完成（任务）、改变（社会）、破坏（环境）”，有的及物动词后一般不能省略宾语，如“成为、属于”。

不及物动词后面不能带宾语，不及物动的例子有：“上升、死亡、微笑”。

有些动词可以带两个宾语，一个指人，一个指物，如：“告诉大家这个消息”。若指物的宾语太长，一般使用“把”字句表达，如：“把这个令人震惊的消息告诉大家”。

A. 在下列段落中圈出及物动词。

> 除非人们能够节约能源、保护环境，否则经济将无法永远发达。以树立为例，树木有多种功用，可以用于建设房屋、生产书籍，或是用作燃料，大大地造福社会，但它却也是有限的资源。当资源枯竭时，我们就无法依靠它们而发展。如果我们希望经济能持续地蓬勃发展，我们必须要保护和节约使用这些珍贵的资源。因此，我们应该制定完善的森林砍伐计划，避免造成大量砍树所产生的环境问题，我们必须保护地球的生态平衡。

利用前面文章中提到的五个及物动词和下面的名词组成正确的搭配，例如：“节省资源”。

B. 在上文中找出的五个及物动词和下面的名词组成正确的搭配，例如：“节省资源”。

价值、成长、资源、货物、金钱、计划、利润、结局、
灾害、需要、自然、收益、家园、成功、风险、世界

1. ______________________
2. ______________________
3. ______________________
4. ______________________
5. ______________________

C. 使用这些词语搭配，想五个问题来反驳你同学的观点。

D. 使用上面"词语搭配"表格中的词语复述下列的句子。

1. 我们总是认为这个地球上仍存在的多样生物。

   ____

2. 有些政府过于强调经济发展而忽略了迫切的环保议题。

   ____

3. 在自然资源方面不完善的法规使许多企业家乱用自然资源。

   ____

4. 环境保护只有在发生灾难性事件时，如大规模的漏油事故，才会成为政府的首要任务。

   ____

5. 在经济危机的时候，政府官员通常必须处理好短期或长期两方面的利益。

   ____

6. 为小企业减税的议题仍然引起热烈的讨论。

   ____

E. 使用及物动词、不及物动词，为上面前三个句子所提出的问题提出解决方案。

语言点一

A. 本单元课文中有用的成语

"陈词滥调"

例句：说一些陈词滥调很容易——"既要经济发展，又要保护环境"。

"肆无忌惮"

例句：而这些企业能够入驻当地并肆无忌惮地排放污染物，和当地政府的支持乃至纵容有着很大的关系。

"成千上万"

例句：至今每年有成千上万的农民愿意离开自己的故乡来到城市。

B. 请用以上三个成语改写下列的句子。

1. 那个图书馆吸引了许许多多的学者和研究人员。

   ____

2. 演讲人似乎没有什么独到的见解，他的演讲充满了陈旧的话语。

   ____

3. 这些贪婪的官员毫无顾忌地从人民手中搜刮财产，归为己有。

   ____

C. 请用以上三个成语谈谈中国的环境问题。

讨论文章内容

A. 与你的同学一起，根据文章内容，使用环保 / 经济的词语回答以下的问题。

1. 你觉得中国民众在环保问题上相信政府的意见和解释吗？为什么？
2. 根据文章的内容，请判断：中国出现“癌症村”的责任主要在谁？为什么？
3. 请搜集一下美国 PX 企业的情况，对比中国的情况，请说明，为什么中国民众对 PX 项目有如此多的恐慌心理？
4. 中国政府建立了大量的大型环保工程和项目，为什么民众少有称赞，舆论对此并不关注？
5. 为什么中国要接纳那么多西方国家的高污染的产业落户中国，如果不接纳这些企业，中国会怎么样？
6. 你认为一个国家政府的责任是什么？中国政府在经济发展和环境污染治理中扮演的角色正确吗？
7. 文章中郎咸平教授的“产业链阴谋”是什么？你认为这个观点正确吗？
8. 你认为面对目前中国的情况，是保护环境重要，还是发展经济重要？

组织分析性的话语

了解比喻义的词汇

技巧要点 使用比喻义的词汇在汉语的正式表达中经常出现，能够使表达准确、生动。在辩论中使用比喻义的词汇，可以让表述简洁有力，有时还能起到委婉表述的效果。使用比喻义的词汇并不容易，因此学习这样的修辞表达十分重要。

A. 请找出下列句子中具有比喻义的词语，如果不用这些词语，句子可以怎么说？对比二者的效果。

1. 他们必须把 GDP 增长作为职位升迁的砝码，被 GDP 牵着鼻子走。
2. 作为官方的喉舌，《人民日报》和中央电视如此为 PX 项目正名，其背后折射出中国社会发展、尤其是经济发展与民众对环境保护之间要求的矛盾。
3. 相对于政府这样一个庞大的权力机构，企业家、民众、民间机构都是配角，他们被要求服从政府在经济增长方面的整体规划。
4. 作为官方的喉舌，《人民日报》和中央电视台不断声援 PX 化工项目的重要性。

组织假设

A. 通过阅读下面新闻的选段，请说明作者有什么样的立场。

> "假如这一条环保修正案在反对声中侥幸通过，接下来会发生什么？
> 环境问题在我国相当普遍，破坏环境事件层出不穷。如果中环联这一组织拿到唯一的公益诉讼主体资格，环境破坏事件或环境维权诉讼，就从法律问题变成中环联的业务问题。换言之，环境维权与否，就成了这半官方机构一家的生意。假设有一家企业污染了环境，或者一个地方政府破坏了生态环境，在面临公益诉讼的时候，只要'摆平'中环联即可。"

B. 根据上面的新闻选段，使用表格中的方式来组织假设的句子回答下列问题。

假设条件	+	可能出现的结果
• 如果发生…… • 当发生……之时， • 假设……出现， • 当……完成时，	→	• 就会出现…… • ……也许出现。 • ……可能会发生。 • ……就会出现。

1. 当环保修正案通过，可能会出现什么问题？
2. 如果中环联是唯一的诉讼主体，环境维权的问题将会有什么后续情况出现？
3. 假设一个地方政府破坏了环境，也许可以怎么处理？

练习辩论

A. 选择其中一个角色，使用与环境和经济有关的生词以及其搭配进行辩论，每个人使用至少 10 个生词。

对话 1
角色 A：想应聘从事环保工作的政府岗位的申请人
角色 B：一个重视区域经济发展的商界代表

对话 2
角色 A：想要减轻政府经济开支的官员
角色 B：想要筹募到更多的款项来做可再生能源研究的非营利机构

对话 3
角色 A：一个想要在新地区开发房地产的公司
角色 B：招募对保护当地独特的生态系统有兴趣的居民

听力

听前活动

A. 在听录音文本前，预测你将会听到的观点，并填写下列的表格。

推行环境保护不应该牺牲经济成长	经济成长不应该是环境恶化的借口
•	•
•	•
•	•
•	•
•	•
•	•

听时活动

A. 听录音了解大意：根据所听到的录音文本，在上述表格中把录音中出现过的观点表示出来，并记下其他你没有想到的观点。

B. 听录音了解细节：再听一次录音文本，在你所听到的观点前标注“强”或“弱”，并为较弱的观点提出建议，使其更有说服力。

听后活动

A. 你认为哪一方的观点更有说服力？请引用他们的观点来支持你的回答。

B. 每场辩论都有结论部分，预测另一方将会提出什么样的结论。

提出观点的方式：口语

使用修辞技巧

A. 了解下列要点。

技巧要点 1　就像下棋一样，辩论的时候也有很多的策略可以运用。希腊哲学家认为至少有五大策略，这五大策略一般以提问的方式使用，我们可以把这些策略运用在辩论中。

1. 假设性问题：如果我们一直把经济发展放首位，将会发生什么样的情况？
2. 定义性问题："环境"是什么意思？和动物、天气比起来，人类在环境中也扮演一样的角色吗？
3. 前因后果的问题：全球气温持续上升可能会有什么后果？
4. 价值观问题：人类有责任保护环境吗？例如在不惜改变人类生活的代价下保护巴西雨林？
5. 程序问题：我们可以如何建立一个可持续发展的方案，既能保护环境，也有助于国家的发展经济？

在这一章中，我们首先会将重点放在第一个策略：**假设性的提问**。你可以提出一个假设，或者使用"如果……，那么"的句式，以正面逻辑来支持你的观点，或以反面逻辑来反驳对方的观点。

B. 注意上文所特别标注的重要词语或短语，你可以用这些词语支持你们一方的观点。例如，你认为环境保护应该优先于经济发展，那么你可以集中讨论假如把环境保护视作比经济发展重要的事情，将会发生什么情况。

列出五个支持你们一方观点的五个方面。

1. ______________________
2. ______________________
3. ______________________
4. ______________________
5. ______________________

C. 在辩论中，你可以用这几个方面内容让你的论证更有力，或削弱对方的论证。例如，你可以提问或是回答以下问题：假如人类和国家都很富裕，但是却需要生活在一个视人类为敌人的人造的环境里，这样的生活会有什么不一样？

根据你列出的几个方面内容，写出你在辩论中可能会用到的五个句子或问题。

1. ____________________
2. ____________________
3. ____________________
4. ____________________
5. ____________________

D. 准备如何反驳。当你准备辩论时，你可以预料到另一方会使用假设来支持他们的论证。你可以指出他们假设中的弱点或者后果，来加以反驳这些假设。举例来说，对方可能会争论如果我们不提出全球暖化的解决方法，人类文明就会被威胁。你可以反驳说历史已经证明当气候暖化时，人类文明也同时在蓬勃发展。

复习课文然后列出五个主要的对方可能会提出的假设，然后列出你会如何反驳这些假设。

1. ____________________
2. ____________________
3. ____________________
4. ____________________
5. ____________________

可以套用的句式

A. 下面是可以用来介绍某一问题的表述。注意这些句式，在你的口头或书面辩论中使用该句式。

1. 这是众所周知的事实……
2. 许多人认为……
3. 我们都知道……，这已经是人们的常识。
4. 这一问题通常被认为是……
5. 我们都无法否认……

如何应对问题

A. 在辩论中你或许需要就对方所提出的问题先做出礼貌的让步，下列是做出让步的一些表述。

- 谢谢你的提问，我明白你的意思，但是……
- 我完全同意你对……的看法，但是恐怕你的论证中还有值得斟酌的地方……

- 不错。尽管这个问题是显而易见的，不过……
- 这绝对是一个重要的问题，但是……
- 谢谢你提出……，但是……
- 谢谢你提出这个问题，但是……
- 感谢你指出这一情况，但是……

口头练习

A. 请根据下列的观点进行辩论。在辩论中使用到你准备的思路以及学习到的词汇、句式，但这些内容只能给你作为参考，你不能在辩论中照着念出来。

1. 正方观点：政府无节制地发展经济导致环境受到破坏
2. 反方观点：环境恶化是历史的必然，不应该归咎于政府

组织辩论：写作

构思内容

就像一场辩论一样，一篇议论文通常是围绕一个观点进行议论。你的任务是说服你的读者，让他们支持你的观点。你应该通过不同的方面，简明清晰地议论，使读者得以了解你的想法。你需要用具有说服力的证据去支持你的观点，并反驳另一方的观点。

论据：在你写议论文前，要就辩论的话题准备资料。把两方观点都列出来，考虑如何支持和反驳。准备资料可以参考以下内容：

信息类型	来源类型
一般概述	目录、百科、年鉴
深入研究	书籍、政府报告
学术研究结果	学术期刊
案例研究	报章杂志
统计	政府机构和协会
研究	协会和学院的报告

A. 找出能够用在议论文中的一些资料来源，这些来源可以是不同的形式，例如百科全书、学术论文、新闻等。请把这些来源列举出来。

____

____

B. 带批判性地阅读课文，然后回答问题：
1. 作者是否提出了观点？如果是，那观点是什么？
2. 作者辩论时使用到什么论据？
3. 如果你要加强这一观点的说服力，你会加入哪些额外的信息？

经济与环境：观点的阐述

环境恶化是历史的必然，不应该完全归咎于政府

当人们以现代观念审视当下中国的许多问题时，应该了解中国是当今世界上少有的背负着沉重历史遗留问题的国家。从宏观的历史角度来看，整个二十世纪直至今日，中国在政治、经济、思想等各个方面始终处于变革与阵痛的历史阶段，这个阶段最主要的趋势是急速地从传统走向现代，从贫弱走向富强，而在走向现代化和富强的过程中，工业化无疑是最重要的核心命题。

环境恶化是每一个国家在工业化过程中难以回避的历史问题。众所周知，英国是世界上最早进入工业时代的国家。英国早期是较为传统的农业国家，其富有诗意的英伦田园风貌至今还能在英国乡村窥见一二。但英国在工业化过程中也曾付出过环境恶化方面惨痛的代价。在工业革命时期，伦敦人口集中，大量的城市生活污水和工业废水未经处理直接排入泰晤士河内，1855 年，化学家法拉第在致《泰晤士报》的信中说到："整条河变成了一种晦暗不明的淡褐色液体……气味很臭……整条河实际上就是一道阴沟。"而伦敦工业大量排放的二氧化硫、一氧化硫和氮氧化物等有毒气体，更是引发过 19 世纪的霍乱大流行。甚至时至工业化已经完成的 20 世纪，环境恶化仍是各国工业发展过程中的顽疾。在二战结束后，世界各国竞相加速工业生产，其中爆发了许多震惊世界的著名事件，如 50 年代的日本水俣病、1952 年伦敦烟雾事件、1976 年意大利塞维索（Sevenso）附近小镇的化学品爆炸事件、1978 年美国的埃克森－瓦尔迪兹号（Exxon Valdez）石油泄漏及 1984 年印度的博帕尔（Bhopal）灾难等等。尽管工业化进程带来了许多包括环境恶化在内的负面效应，但可以十分明确地看到，人类并没有因此停止加速工业化的脚步。这就好比现代交通工具的不断普及带来了许多令人沉痛的交通事故，但并不会阻碍现代交通不断向前发展，恰恰相反，这些惨痛的教训教会人们在发展过程中更加审慎和趋利避害。

中国政府是当下中国内外事务最为主导的力量，在面对"环境 / 发展"这

对矛盾时，只能以“两害相权取其轻”的态度进行判断和选择。对于在文化基因中深藏着“大国梦”的中国民众来说，这无疑也是符合他们根本诉求的历史选择。而在近年来，中国民众却对政府主导的有可能带来环境恶化的工业建设表现出了较为激烈的抵触态度，比较突出的例子是中国各地频发的抵制 PX 化工项目落户本地事件。这样的现象反映出在经历了三十多年经济高速发展之后中国民众的现代观念有了突飞猛进的飞跃。上世纪 50 年代至 70 年代，中国民众普遍处于温饱线下，在基本的生存观念中，环境意识要远远排在吃饱穿暖之后。而时至今日，中国民众的生存诉求从“活下去”渐变为“活得更好”，环境保护自然而然成为了提到日程上来的重要问题。现代观念进步的另一方面是自我权益意识的觉醒。中国是一个具有两千多年中央集权传统的国家，中央政策和长官意志长期以来主导着基层民生。而近年来随着网络的普及和信息传播的高速发展，以往由政府一面占优的信息不对称状况受到了极大的挑战。民众可以通过多渠道的资讯手段获得与自身权益相关的重要信息，进而对政府决策提出具有技术含量的质疑，环境信息即是其中表现比较突出的一个例子。

如果我们认清中国民众反对以 PX 项目为代表的诸多化工项目，并将环境恶化的主要责任归咎于政府的深层动因乃是民众现代意识发展的一个表征，而不是反对工业化本身，那么我们可以很明确地认识到民众与政府在高速现代化的大前提下诉求完全一致。其中另一个关键的矛盾产生于高速，即追求发展效率，与稳定之间。目前世界上比较成熟的工业化国家，其工业化过程大多经历了一百多年的时间，所以有充足的时间对包括环境问题在内的并发性问题开展研究，提出应对方案。而中国的工业化时间较短，要在短时间内实现和成熟工业化国家相提并论的工业成就，稳定性难以避免地受到破坏。实际上，中国政府在大力推进工业化的过程中同时开展了许多环境保护措施，但很显然，这些在环境保护方面的努力与民众的心理期待还有着不小的落差。

在环境恶化这一问题上，中国民众真正应当质疑和批评政府的方面在于工业建设配套的防护措施和信息公开措施，以及事故发生之后的追责制度。中国政府目前在以上三个方面并没有取得令人信服的成绩，这也是激起民众不满情绪的主要原因之一。但因为环境恶化而否定政府在工业化方面做出的一切努力，将环境恶化问题责任完全归咎于政府，则是民众情绪化宣泄的一种表达方式。我们可以去理解这种情绪化的原因，但不能认同其合理性和客观性。

写一篇说明你的立场的文章

A. 请围绕“经济与环境”话题，写一篇说明你的立场的文章，文章大约包含 5–6 段。记得在文章中使用你所学到的词语。

自我评价

自我评量

A. 回想一下到目前为止所做的练习，依据下面的评量表回答下列问题并为自己评分。

1. 我已经准备好了这个辩论题目
2. 这个辩论题目激发了我的兴趣
3. 我花了很多时间和努力来准备这辩论题目

1	2	3	4	5	6
完全同意	同意	有点同意	有点不同意	不同意	完全不同意

B. 如果你的答案大部分在红区，你能做些什么移动到蓝色区？如果你大部分的答案在蓝区，你能做些什么留在该区？

____

____

____

____

生词复习

从在本章中你所学过的生词中，选出你觉得在辩论时最有用的十个生词。

1. ______________________________
2. ______________________________
3. ______________________________
4. ______________________________
5. ______________________________
6. ______________________________
7. ______________________________
8. ______________________________
9. ______________________________
10. ______________________________

单元
2

传播民主还是尊重主权

干涉主义与孤立主义

阅读前导活动

话题介绍

A. 根据下列图片和相应的描述，与同学讨论以下的问题：

一个小男孩因为爸爸斥喝他而哭泣 (Credit: "Crying boy" by John Visco)

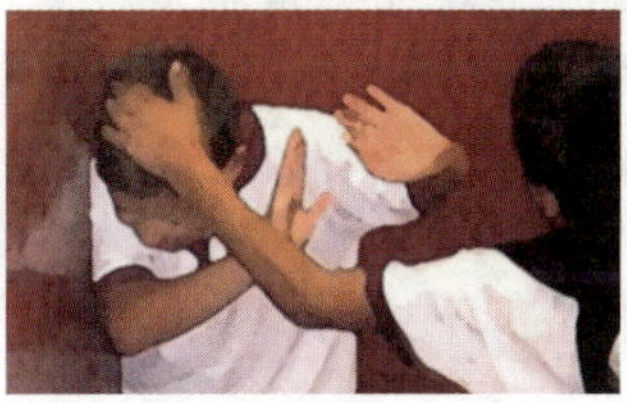

放学后，一个恶霸在角落欺一个男孩 (Credit: "Bullying" by Diego Grez)

一个小女孩被她的同学取笑 (Credit: By Sanja Gjenero)

1. 以下的哪一种情况你认为最有可能进行干预？为什么？
2. 你认为哪些因素会影响一个人是否对图片里的情况提供协助？
3. 在你看来，当其他人寻求协助，或当我们发现别人需要帮忙时，我们是否有义务提供协助？说明你的理由。
4. 和你的同学谈谈你主动帮助别人的经验。那个人对你的帮助有何回应？

B. 阅读**语言注释 1** 里“民主”和“主权”两个词语的含义、例子和同义词，并用同义词来替换标题“传播民主或侵犯主权”。

语言注释 1		
	民主	专政
含义	以尊重人们的平等权利和多数人的意志、利益为原则的制度和机制	一个人或一个团体拥有绝对的权力和支配力
例子	现在或是近期内皆不太可能在这个国家实行民主	他们的专政特权破坏了社会公平，制造了社会中人们公民权利与政治权利的机会不平等。
近义词	平等	独裁、专政
反义词	独裁、专政	民主、平等
区别	“民主”和“主权”的含义之间的区别是，民主意味着自由免于国家内独裁，而主权意味着没有来自于外部的控制	

C. 思考本课的标题“传播民主或侵犯主权”。

1. 你会如何描述“传播民主”和“侵犯主权”二者的关系?
2. 你认为以上两种行为是 (1) 相互矛盾、(2) 相得益彰，还是 (3) 相互平行的? 解释你的想法。

D. 根据文章的标题“传播民主或侵犯主权”，列出可能在这篇文章中出现的讨论。

1. 外国干预
2. ______________________________
3. ______________________________
4. ______________________________
5. ______________________________
6. ______________________________

勾勒思路图

A. 激发你的灵感，当谈到传播民主与侵犯主权问题时，你会想到哪些词，越多越好。整理你的思路，填写下列图表，勾勒两张思路图。读完课文后，你可以加入更多的信息，现在若无法填写，可以先留空。

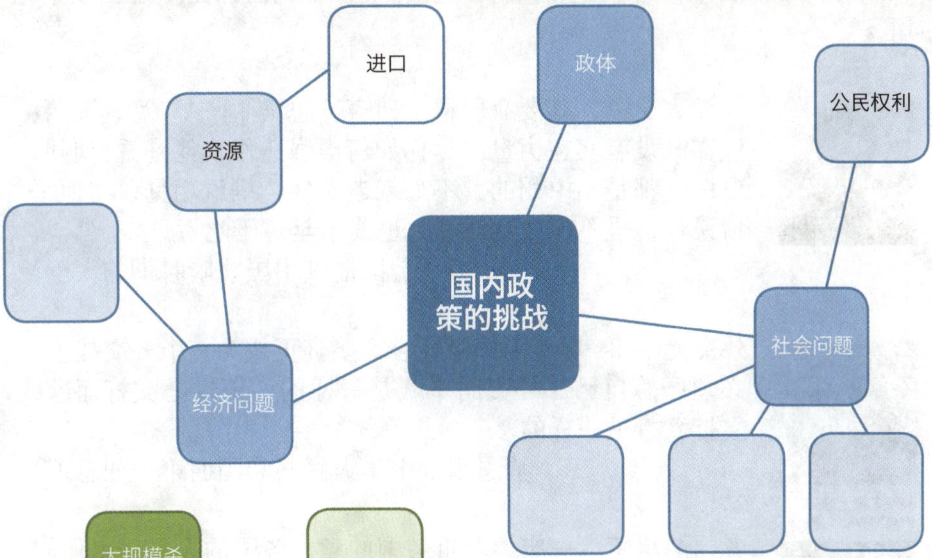

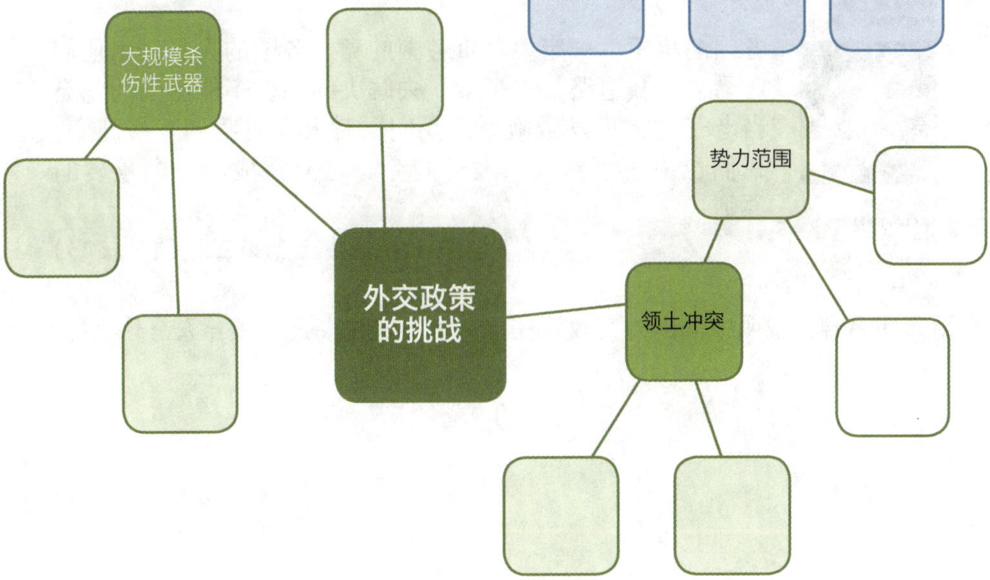

B. 对比你和同学的思路图，激发更多的灵感。完成两张思路图后，看看什么样的话题能把两张图联系起来。也就是说，什么样的话题与环境、经济都有关。

讨论真相和观点

A. 阅读中国领导人对中国外交政策的名言。找出可以加到思路图与外交政策相关的词汇。

与洋人交际，其要有四语：曰言“忠信”，曰“笃教”。我现在既没有实在力量，尽你如何虚强造作，他是看得明明白白，都是不中用的。不如老老实实，推诚相见，与他平情说理，虽不能占到便宜，也或不至过于吃亏。

曾国藩（中国晚晴时期的大臣）

(Credit: By www .people.com.cn)

外交无小事，切不可掉以轻心。要真正成为一个外交战士，必须磨炼自己。外交同军队是一样的，不过是文打而已，文打武打是一样的。

周恩来（中华人民共和国的第一任总理）

(Credit: "Deng Xiaoping and Jimmy Carter" by Karl H. Schumacher)

各国的事情，一定要尊重各国的党、各国的人民，由他们自己去寻找道路，去探索，去解决问题，不能由别的党充当老子党，去发号施令。我们反对人家对我们发号施令，我们也决不能对人家发号施令。这应该成为一条重要的原则。

邓小平（中国共产党第二代领导核心）

B. 总结每句名言，说明中国的外交政策在每一个历史时期及其领导人是什么样的。

了解这一话题

A. 当你阅读完“传播民主或侵犯主权”后，在下表列出辩论双方的观点。

干预主义	孤立主义
•	•
•	•
•	•
•	•
•	•
•	•
•	•
•	•
•	•
•	•
•	•

B. 听录音片段 2，注意你不熟悉的词语的发音。

黄祸论抑或天下主义

2012 年 1 月 27 日，一批香港网民在香港某报上自己花钱刊登了一条广告，其标题是“香港人，忍够了”。设计者把中国大陆旅客比喻成一只蝗虫贪婪地俯视着富饶而美丽的香港，而他们想要表达的愤怒是：中国内地的双非孕妇[1]和自由行[2]游客已在如害虫般入侵和掠夺他们的家园，进而呼吁香港特区政府修改政策和法律，限制自由行的人数，并继续出台一系列政策减少中国大陆游客到香港，进而保持香港和中国大陆之间的距离。虽然从国籍上看，“香港人”和“大陆人”同是中国人，但因为历史原因，他们在文化上却是完全不同的。

换言之，这是中国本土文化在地理上遭遇的最近的一次抵制和羞辱。

对中国人及其背后中国文化的抵制在世界其它地方也是屡见不鲜的，而且会在各个层面上发生——不管是民间层面还是政府层面。2013 年 11 月 19 日，俄罗斯动用大批武装警察对华人聚集的萨达沃特和留布利诺市场进行大规模的围剿，采取非常手段，封闭市场，砸开无人看守的摊位，没收现金，搬走货物等等。据俄罗斯官方的说法，这次活动是为了"打击洗钱犯罪"，但当地华人称，这次"执法"行动完全就是公开的抢劫，所有的执法没有登记，没有给货主开据任何凭证。这导致当地华人损失惨重。

也有来自官方的批评。2006 年 2 月，英国外交大臣斯特劳（Jack Straw）访问尼日利亚时，将中国与非洲本地的贫困、地区冲突、恐怖主义等一道列为非洲面临的十大挑战之一。他还声称中国在非洲所做的事件，"多数是 150 年前我们在非洲时已经做过的"。也就是说，150 年前，英国在非洲进行的殖民主义掠夺，而今天的中国在非洲做的所有事情——投资、修建基础设施等等，恰恰藏有着一个不可告人的目的：在非洲实施"新殖民主义"的统治。尤其是，中国合作的对象往往是一些人权问题严重的邪恶国家，比如苏丹、安哥拉等等。

媒体的反华声音也很多。《华盛顿邮报》（Washington Post）认为中非贸易额的增加并没有带来非洲国家民众生活水准的提高。中国向安哥拉提供的 20 亿美元基础设施贷款，令安哥拉最终拒绝了国际货币基金组织的贷款安排。西方媒体认为中国和这些西方眼中的"问题国家"发展经贸关系，"阻碍了西方对这些国家的民主改造"。安哥拉因为中国的援助变得更加独裁和霸道。

《经济学家》（The Economist）的说法则更加形象："大约 600 年前，明朝的航海家[3] 到达这个大陆的东海岸，带回了一头长颈鹿以满足皇帝的好奇；今天，中国的船只在同样的航线定期航行，带回了石油、铁矿石和其他商品，以满足一个庞大的经济体发展的贪婪胃口。"[4]

西方社会对中国的厌恶和恐惧具有历史渊源，这就是所谓"黄祸论"（Yellow Peril）。黄祸论的论调出现在 19 世纪。当时，成吉思汗蒙古大军西征[5] 的梦魇仍深深植根于西方人的基因之中；另一方面，由于启蒙运动和工业革命，西方文化和经济获得了质的突破和进展，种族和文化优越感达到了登峰造极的地步，殖民扩张也成为了西方寻找原料和市场的必然选项，黄祸论可以西方对外扩张的理由——一旦中国人民意识到自己的力量时，将给西方文明带来灾难和毁灭，西方对此不得不"先发制人"。黄祸论最早的宣扬者为俄国无政府主义者巴枯宁（M.A. Bakunin），他在《国家制度和无政府状态》一书中预言："大批中国人将充塞整个西伯利亚，还将越过乌拉尔，直抵伏尔加河边。"德国皇帝威廉二世亦与沙皇俄国一唱一和，绘制《黄祸图》，画中为八位天使与骑着中国式恶龙的佛陀对峙战斗的场景，倡导"欧洲国家联合起来！保卫你们的信仰和家园！"与此同时，大洋彼岸的美国也通过了《排华法案》，严重限制和剥夺了华人应有的基本公民权利，传统意义上的"黄祸论"达到顶峰。

黄祸论的现代翻版是所谓的"中国威胁论"，事实上，这一论断从毛泽东时代就开始了。换言之，毛时代的对外关系已经具备了一些所谓"干涉主义"的色彩。当时的中国尽管闭关锁国，普通中国人几乎不与世界交往。但以毛泽东为代表的中国政府却对第三世界国家青眼有加，他们以“只算政治账，不算经济账”的理念援助亚非拉第三世界的国家。1973年，中国财政对外援助支出达到57.98亿，占国家财政支出的7.2%，是1949年以来对外援助支出最多的一年。[6]结果是中国在那一时期逐渐成为第三世界国家的领头羊，这样颇显霸道的方式使得世界诸国忧心忡忡，因为西方国家普遍认为中国援助第三世界国家的目的是为了成为发展中国家的首领，更唯恐中国藉此“输出革命”。

在西方看来，中国与诸多邻国的关系也认为具有“黄祸论”的特色，也就是说，中国对邻国的“干涉主义”恰似中国人流转到世界各地一样，比如朝鲜战争。1950年6月25日，朝鲜得到苏联默许不宣而战进攻韩国，历时三年的朝鲜战争爆发。7月7日，联合国安理会通过第84号决议，派遣联合国军支援韩国抵御朝鲜的进攻，朝鲜军队一度被压制到中朝边界。此时，战争的转机出现了，10月25日，中国军队以“志愿军”的名义赴朝参战，经过历次战役最终将战线稳定在北纬38度线一带。1951年7月10日，中国、朝鲜方面与联合国军的美国代表开始停战谈判，经过多次谈判后，终于在1953年7月27日签署《朝鲜停战协定》。中国军队的介入是朝鲜半岛保持目前分裂状态的重要平衡力量。一直到今天，国际上普遍认为，若无中国的支援——尤其是巨大的军事和物资的支援，朝鲜金氏家族的政权早就难以为继。而更加为世界公认的是，现在的朝鲜是东北亚的“问题国家”，其领导阶层国内实施残酷的专制统治，民生凋敝，百姓挣扎在死亡线上；对外，朝鲜经常实施挑起事端的恐怖威吓，造成区域不稳定。而这背后都和中国干涉有着千丝万缕的关系。在此背景下，中国干涉的负面效应尤其被诟病。

中华人民共和国对国外的干涉不仅是朝鲜，还有越南。1960年代，中国曾经成建制地派出高射炮部队和工兵部队进入越南，帮助北越政权抗击法国军队，北越最终取得胜利，统一了越南全境。在这场战争中，中国不仅向北越部队提供了大量的军火辎重以及粮食等后勤补给，而且还在中越边境为北越军队建立的广阔而稳定的后方军事基地。若无中国的支援，北越军队打赢这场战争是不可想象的。中国类似的外交政策，或者叫“干涉主义”的外交政策还突出体现在1970年代中国和柬埔寨的关系（这间接促成了柬埔寨的“红色恐怖”），以及当下中国与巴基斯坦的关系。

按照上述分析，中华民族是一个令人讨厌的民族，他的人民以巨大的野心和能力跑遍了全世界，密布世界的唐人街就是明证。眼下，伴随着所谓的“大国崛起”，中国政府在国际上也在不断地干扰国际秩序，从朝鲜半岛的危险局势到支持叙利亚、支持乌克兰等等，使得民主制度的建设和推广愈发困难。

不过，中国人自己似乎不这么认为。这种观点的分歧并非利益之争的强词夺理，更非信仰不同的党同伐异，而是发自内心的文化传统的判断。如果按照中国人自己的看法，前文所述的诸多观念，如“干涉主义”等都是建立在西方人的“世界观”基础上，而中国人是不这样看世界的。

西方人把世界等同于地球，认为在这个舞台上活动的主要角色是民族国家，这是二战之后形成的一个基本的世界体系。[7]在外交领域，所谓的“入侵”、“缔结合约”、“干涉”等等，其实都是就“民族国家”而言的。世界就是由国与国之间的关系构成的。但从某种意义上说，当代中国人——从国家领导人到普通人，内心还或多或少地保留着一个非常古老的世界观——天下，即我们的世界不仅仅是一个物理的地球，还是一个人心和文化意义上的“天下”。

“天下”大概包括三层含义：

首先是地理意义上的。“天下”按字面意思来看，就是天底下的所有土地，英文可以勉强翻译成“under heaven”，这个意义上的“天下”和所谓的“世界”是同义的；其次是“土地上生活的所有人的所有的精神”。关于这一点，中国人发明了一个词汇——民心。从中国古代帝王到现当代的领袖（如毛泽东）说到“得天下”，绝不不仅仅只是获得了一块土地的支配权，更重要的是获得了这块土地上人民的拥戴。乃至于，哪怕没有获得这块土地的支配权，只要获得了人民的拥戴，这也叫“得天下”。这一点非常重要，这是中国人的世界观和西方完全不一样的地方。天下不仅仅是个地理概念，还是一个心理概念。最后，“天下”具有伦理和政治学的意义，它指向一种世界一体的理想或乌托邦（utopia），中文的表达叫“四海一家”，它想象着一种世界制度以及由这种制度保证的“世界政府”。最后这个含义随着 19 世纪中国国力的衰微，逐渐被中国人隐含起来，甚至对它产生了相当的怀疑。

天下背后的支撑是所谓的“道统”（有“道统”的地方就是天下），尤其是在“人心”意义上。“道统”，顾名思义就是道德传统的意思。而这里的道德，并非直接对应英语中的“morality”，而是应当将“道”（宇宙万物的规则）和“德”（最好的、最应该有的状态）拆开来理解——“道德”是“宇宙万物最好的规则与状态”。在中国 5000 年的文明历史中，道统被认为是两大思想体系——儒家和道家。儒家思想规范一套中国人认为完美的人类社会的秩序和人际关系准则，进而也包括国与国之间的外交关系准则；而道家思想则建构了一种被认为是完美的人与自然的关系以及个人自我修为的方法。儒家和道家的结合，中国人所谓的“儒道互补”被认为是一套完整且完美的价值观体系。小到个人、家庭，大到政府、国家都应该按照这个“道统”运作，这就是“天道”。

因此，在中国人看来，皇帝和政府治理的不是国家，而是天下。天下同时也是人民生活的地方。而天下的范围不是地理的概念，而是道德认同和人心的概念。换言之，只要认同“道统”的地方就是天下，生活在天下中的人们都是“天”的子民——而世界理应如此。如果真的做到了这一点，就达到了四海一心的世界大同。这就是为什么中国的历届统治者，从古代的皇帝到当代的中国国家元首，对某些“国家利益”似乎丝毫不重视，而这些恰恰是“民族国家”最看重的——比如，物质财富。

在道统的价值观念当中，政府和国家所有的外交活动其目的都是为了“争取民心”，而不是获得“物质财富”，换言之，“民心”才是最大的国家利益。散财而获得“民心”是中国历届统治者常见的选择。前文我们提到的“郑和下西洋”就是一例。从 1405 年到 1430 年，明朝皇帝派郑和率领庞大的船队七次远航西洋，最远到达了阿拉伯海和东非海岸，耗资巨大。但其目的却远非同时代欧洲人大航海的占领土地、获取黄金、香料等资源和财富，而是为了展示中国明朝的天威以及高尚的中华文明。以至于到了 1989 年之后，一部中国电视纪录片[8] 非常沉痛地写到这一段历史，认为中国古代皇帝的这种观念是导致中国近代落后西方的重要原因，这段话是这么说的：

> 然而，人类历史还不曾有过这样一次毫无经济目的的大规模航海活动。它是一次几乎纯而又纯的政治游行，它要施恩于海外诸国，以表达中国皇帝对它们名义上的最高宗主权。多么慷慨温和的君子国行为呵。黑格尔（Hegel）说，大海邀请人类从事征服和贸易。可是，太平洋邀请来的中国人，竟是所谓"正其谊而不谋其利"的谦谦君子。中国人即使来到海上也还是不能超越陆地上那种有限的思想和行动和圈子。历史选择了中国人，而中国人却不能选择历史。仅仅几十年后，代表着弱小的资本主义的四艘小帆船，葡萄牙人达·迦马（Vasco da Gama）[9] 的率领下，为寻找财富和市场驶入了印度洋。那时，庞大的郑和船队已经从太平洋和印度洋上消失的无影无踪了。而欧洲人却开始了地理大发现的伟大探险。

但明朝的皇帝或许不会这么认为，很多后世的统治者估计也不会这么认为，比如毛泽东。毛泽东领导的中国政府曾经在中国经济最困难的时候还大量援助亚非拉等国家，直接加剧了国内的经济危机。但是，毛有自己充分的理由，即大量的对外援助让亚非拉那些发展中国家从"道义"和"人心"上支持中国，进而使得中国成为世界除了美国苏联两个超级大国之外的第三个世界中心。[10] 明朝皇帝不惜发动航海远洋宣扬自己所代表的中华文明理念，毛其实也不例外。

因为这种天下观念，中国形成了一种独特的外交理念以及对国家领土的观念。古代中国从不认为自己是和其它国家处于平等地位——这和"民族国家"在主权方面平等的理念是完全不同的。中国认为自己是"上国"，而其它国家是"藩属国"——这突出地体现在中国与朝鲜以及越南的关系上。在历史上，朝鲜和越南一直是中国的藩属国，他们的国王是向中国的皇帝"称臣"的，而中国也在各方面有支持和保护他们的义务。比如，中国曾数次帮助朝鲜抗击日本的入侵（也有人认为1950年代的朝鲜战争也是这种关系的延续），中国也曾经帮助越南国王平息国内叛乱，恢复王位。"上国 / 藩属国"之间的关系与"宗主国 / 殖民地"之间的关系是不一样的。后者，比如曾经的英国和马来西亚，它们之间有鲜明的"掠夺"与"资源供给"的关系——马来西亚曾经是英国重要海外橡胶基地。而上国与藩属国之间的联系更多的则是"法理"和"道统"的认同。如朝鲜国王向明清的皇帝称臣，是按照"儒家伦理"执"君臣之道"——这就足够了。"上国 / 藩属国"和美国与日本之间的同盟关系也是不一样的——日本若受到侵略，按《美日安保协议》，美国将动用军事力量保护日本。但同样作为"民族国家"，美国和日本在"国格"上是完全平等的，而藩属国在国格上是低于上国的。所以，它们之间的关系根本谈不上"干涉主义"。

也正因为如此，在很多时候我们会发现，中国对具体领土归属以及国境线划分不是特别在意。比如在毛泽东时代，中国曾经以支援世界革命为名目，将自古以来一直属于中国领土的白龙尾岛（古称浮水洲岛、夜莺岛）赠送给越南。[11] 对于昔日的藩属国朝鲜，以“老大哥”自居的中国亦毫不吝啬，朝鲜以长白山是朝鲜人的“革命圣地”、中朝是同属社会主义阵营的兄弟国家为口实，在1962年与中国签署《中朝边界条约》，规定两国共同管理界河水域，实际上占据了中国固有领土——长白山的一半。这在民族国家的视野中似乎是不可思议的，中国人对此丝毫不觉得是吃亏之举，反而有助于维系上国与藩属国的情感。而且在中国的传统观念之中，越南、朝鲜一直是在中华文明圈的辐射之中，是最贴近和最能理解“道统”的国家，将领土“赠予”这些国家只不过是天下主义在外交维度的实践而已，也是“上国”对“藩属国”的请求顺势而为的合理之举。这或许也能解释为什么有些中国人会以一种令人讨厌的方式走向世界，比如某些游客在外国不遵守所在国文化、法规等的行为被广为诟病，这或许不能单纯地用“文化素质缺乏的原因来解释”，更深层次的文化原因可能是前述观念——即中国人从骨子里相信自己拥有最好的道统，以及应该“四海一心”的理念，因此他觉得没必要改变自己。这是一种文化基因深深地渗透在所有中国人的血脉中——尽管这种自信是值得争议的。

中国正在实施一种独特的社会制度，执政的中国共产党称自己的制度是“中国特色的社会主义”。简单地说，这是一种经济上的资本主义和政治上的权威主义结合的政治制度。而政治上的权威主义具有鲜明的儒家文化的传统——这是中国传统文化重要的道统资源，中国共产党的政治体系很大程度上坚守着这一传统。[12] 同时，中国或许也自觉不自觉地希望别的国家认同这一传统。这或许能解释中国在非洲被斥责为“新殖民主义”的委屈心理。的确，在西方国家看来，中国政府不顾某些国家（这些国家甚至包括一些邪恶国家）人权问题严重，执意对这些国家进行投资以及展开其它范畴的经济合作，阻碍了民主文明的进一步推广。但在中国看来，比人权更重要的是道统的坚持，而儒家道统中最重要的是“君臣有义”和“长幼有序”。也就是说，哪怕这个国家的统治者是邪恶的，只要他在“法理”上以及“天道”是这个国家的统治者，那么，他就应该受到尊重。至于人权问题，是他们本国内部的“君”（统治者）和他的子民（百姓）之间的关系，以“人权”为借口干涉而放弃或损害“君”的利益是反“道统”的，这恰恰才是最不道德的“干涉主义”。

有一个非常有趣的形象可以用以概括中西文化中的世界观。在西方文化中，“龙”是一种怪兽，他那凶神恶煞、张牙舞爪、口喷烈焰，是暴力、邪恶和恐怖的代名词。然而，在中国语境中，龙是神圣、和平、祥瑞的象征，体现了中国人天人合一、阴阳交合的文化观。由此观之，西方和中国看待同一事物所抱持的观点可能大相径庭，不过，世界正是是因为有那么多的不同，才不至于索然无趣。因此，“中国龙”理应参照国际通行的标准和法则，学习并融入世界，世界尤其是西方世界也应有所作为，尝试着理解和包容“中国龙”这个从上古延续至今的庞然大物的历史，更顺畅和和谐的世界才能真正出现。

附录

1. 双非孕妇是指夫妻双方都非香港居民而来港产子的孕妇。因为渴望享受香港较优良的教育资源等原因，从 2000 年开始，越来越多的中国内地夫妇到香港生孩子，以此让自己的孩子获得香港居民的身份。此举越来越冲击香港本地人的医疗资源和教育资源，甚至引发相应的社会动荡。因此，香港特区食物及卫生局长周一岳在 2012 年 4 月 25 日正式宣布，公立医院于 2013 年起停收“双非”（夫妇皆非港人）孕妇，全力应付本地孕妇的需要，而私家医院亦已决定 2013 年不收“双非”孕妇。
2. 自由行是中国政府开放内地游客赴香港短期旅游的政策，目前，总计有北京、上海等 49 个城市的居民可以“个人身份”赴港旅行。“自由行”大大增加了中国内地居民的访港数量，但也为香港的各种城市服务设施带来挑战。随着中国内地居民自由行的数量的增加，大陆和香港两地的文化冲突也日益严重。
3. 指明朝著名的航海家郑和，他曾经七次率领庞大舰队“下西洋”。明朝时候的西洋是指明朝时期的西洋是指今文莱以西的东南亚和印度洋沿岸地区，但郑和船队到达的地方远不止这里，最远曾经到达非洲东部，红海、麦加，并有可能到过澳大利亚、美洲和新西兰，南极洲。
4. 参见新闻专题：“中国怎么成了新殖民主义者”，http://view.news.qq.com/zt/2006/africa/index.htm。
5. 蒙古民族建立中国元朝之后，于公元 1219 年至 1260 年的四十余年时间，先后进行了三次大规模的西征，征服了当时的伊朗、俄罗斯和波兰等国家、建立起庞大的帝国，对世界历史的影响既深且远。
6. 参见《改革开放前中国历年对外援助情况》，http://news.163.com/09/0819/01/5H1STREU00013KS0.html；以及《中国的对外援助白皮书》，http://www.gov.cn/gzdt/2011-04/21/content _1849712.htm。
7. 民族国家是指 或王国不同，民族国家成员效忠的对象乃有共同认同感的“同胞”及其共同形成的体制，认同感的来源可以是传统的历史、文化、语言或新创的政体。因此，从一个民族构成政体，或者由数个民族经同一共享的政体构成的国族，都是民族国家的可能结合型式。
8. 这部纪录片名叫《河殇》，全称为《河殇——中华文化反思录》，是中央电视台 1988 年播出的一部纪录片，这部片子在当时产生了很大的影响，它的主旨在于探索 19 世纪以来中国衰落的文化原因，这就是中国传统文化和思维方式。“河”即黄河，象征着中华文明。“殇”原意是孩子未成年就死亡的意思，后来也指“死亡”。“河殇”的意思就是“中华文明已死”的意思。
9. 瓦斯科・达・伽马（约公元 1460–1524 年），他是开辟西欧直达印度海路的葡萄牙航海家，早期殖民主义者。1497 年奉国王之命，率领舰队从里斯本出发，绕过好望角，第二年到达莫桑比克。后得到阿拉伯领航员艾哈迈德・本・马吉德，通称伊本・马吉德，阿拉伯航海家的帮助，终于到达印度西南部重镇卡利库特，并满载交换来的宝石、香料而归。1502 年、1524 年又两次远航印度，最后死于葡萄牙驻印度总督任上。他开辟的航路，促进了欧、亚商业关系的发展。
10. 参见殷之光：“反抗的政治：毛泽东的第三世界视野”，取自“新浪网”，http://history.sina.com.cn/his/zl/2014-02-19/162082897.shtml
11. 有关白龙尾岛的历史沿革参见：http://zh.wikipedia.org/wiki/%E7%99%BD%E9%BE%8D%E5%B0%BE%E5%B3%B6
12. 参见：“中共 18 大：介于儒家传统和共产主义之间”，取自“俄罗斯之声”http://radiovr.com.cn/2012_11_10/94154078/；以及魏建国：“儒家传统文化与中国主流意识形态建设”，中共山东省委党校硕士论文，2011 年。

阅读理解

A. 根据课文内容，指出下列说法是否正确，并把错误的改正过来。

1. ______ 西方媒体认为中国和非洲国家发展经贸关系能帮助西方对这些国家的民主改造。
2. ______ 黄祸论认为中国等黄色人种对西方白色人种构成威胁，西方国家应对此警惕。
3. ______ 在中国人的世界观中，世界是一个人心和文化意义上的天下，而不是由民族国家组成的地球。
4. ______ 古代中国认为只有临近的国家才与其具有同等的地位，其它国家是“藩属国”。
5. ______ 中国对本国具体领土归属以及国境线划分不太重视。
6. ______ 中国正在实施的并非单纯的社会主义制度，而是经济上的资本主义和政治上的权威主义相结合的政治制度。
7. ______ 中国认为以人权为理由干涉而放弃或损害别国执政者（集团）的利益是反民主的，中国对此表示抗议。

掌握词汇

词汇搭配

国内 / 国际关系领域	普通领域
1. 发起内战 Fāqǐ nèizhàn	1. 补救的办法 Bǔjiù de bànfǎ
2. 人权问题 Rénquán wèntí	2. 主要倡导者 Zhǔyào chàngdǎo zhě
3. 改朝换代 Gǎicháohuàndài	3. 道德 / 法律 / 经济原因 Dàodé/fǎlǜ/jīngjì yuányīn
4. 切身利益 Qièshēn lìyì	4. 偏向同意 / 反对某事物 Piānxiàng tóngyì/fǎnduì mǒu shìwù
5. 侵害主权 Qīnhài zhǔquán	5. 最后一击 Zuìhòu yī jī
6. 犯下暴行 Fàn xià bàoxíng	6. 让人措手不及 Ràng rén cuòshǒubùjí
7. 谴责罪行 Qiǎnzé zuìxíng	7. 认为某事物是适当的 Rènwéi mǒu shìwù shì shìdàng de
8. 部署军队 Bùshǔ jūnduì	8. 处理问题 Chǔlǐ wèntí
9. 加入国际联盟 Jiārù guójì liánméng	9. 在允许的范围内 Zài yǔnxǔ de fànwéi nèi
10. 干涉内政 Gānshè nèizhèng	10. 拥有基本权利 Yǒngyǒu jīběn quánlì
11. 制裁干预 Zhìcái gānyù	11. 带来深远的影响 Dài lái shēnyuǎn de yǐngxiǎng
12. 防止种族灭绝 Fángzhǐ zhǒngzú mièjué	12. 以（什么形式）体现 Yǐ (shénme xíngshì) tǐxiàn
13. 尊重领土完整 Zūnzhòng lǐngtǔ wánzhěng	13. 造成威胁 Zàochéng wēixié
14. 为干预辩护 Wèi gān yù biànhù	14. 采取行动 Cǎiqǔ xíngdòng
15. 传播民主 Chuánbò mínzhǔ	15. 列入考虑 Liè rù kǎolǜ

拓展词汇

A. 使用上面的词汇搭配，完成阅读前导活动中的思路图。你可以加入一些新的文本框和词语。

B. 从“上、中、下、里、外”等词中选择正确的填入空格中（你可以选择一个以上的词语）。

1. 在人民的眼______，这位官员的解释仅仅是一种托辞。
2. 日本外务省一位高级官员承认，这可能导致双方在领土纠纷的问题______发生冲突。
3. 我们不能那样轻易地把恐怖袭击的可能排除在______。
4. 他的观点贯穿于他的每一篇外交声明______。
5. 在大多数情况______，靠近边界的土地是最有争议的土地。

C. 从下列词语中选择正确的填空。

词汇库		
基本权利	独立	切身利益
民主	种族灭绝	武装部队
国际联盟	暴行	改朝换代
内战	领土完整	干预

1. 言论自由是美国的______，受到宪法的保障。
2. 当一个国家宣布______，则表示它可以免于来自外面的控制。
3. 泰国军方高层表示担忧，接连不断发生的政治暴力冲突可能将泰国推向______。
4. 作为最早的世界一般政治组织，维护国际和平是______的主要宗旨。
5. 只要海盗对该国的______不构成重大威胁，罗马政府很少关注他们。
6. 恐怖分子的______让国家和公民更警醒。
7. 一旦______占领学校，便是将孩子和他们的教育押上了火线。
8. 民众不支持政府的现行统治的形式，因此觉得是______的时候了。
9. 游牧民族有______的习惯，每战胜一个部落，就把对方男子全部杀光。
10. 虽然联邦政府不希望在这些事务插手，但为了确保公民得到保护，联邦的______是必要的。

D. 为下表左边的词语选择最正确的搭配，到“北京大学 CCL 语料库检索系统”（点击“汉英双语语料库”，选择“高级查询”；也可以直接输入网页地址 http://ccl.pku.edu.cn:8080/ccl_corpus/advance_search.htm 进入）把生词及其可能搭配的词语输入在两个空白，然后选择“有序相距小于等于”选项并在后面空格填写多少字（例如：30）。然后点击“Search”。（你也可以试试中央研究院现代汉语平衡语料库 http://www.sinica.edu.tw/SinicaCorpus。

北京大学语料库

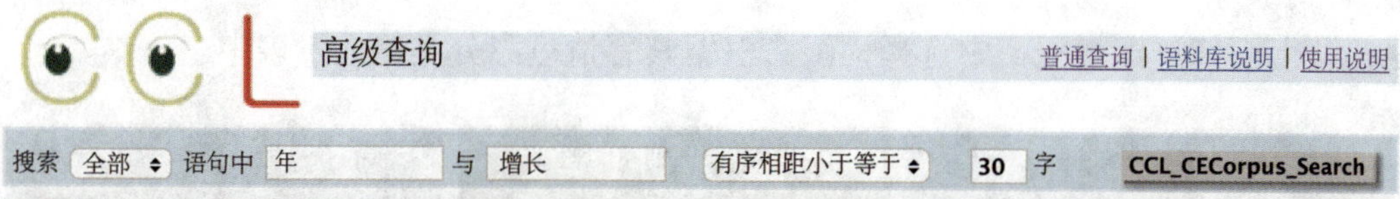

国际和国内事务	搭配词		
1. 正式决定	a. 采纳	b. 批准	c. 授权
2. 联盟			
3. 干预			
4. 种族灭绝			
5. 民主政体			
6. 暴行			
7. 领土完整			
8. 独立			
9. 内战			
10. 武装部队			

E. 从表 D 中选择五个关于国际和国内事务的词，并使用每一个单词及相应的搭配词造句，用句子来描述在你的国家中的国际和或国内事务。

1. ________________________________
2. ________________________________

3. ____
4. ____
5. ____

了解词汇意思

语言点一

A. 从上面“词汇搭配”中选择词汇，根据其感情色彩分类填入下表中。

褒义	中性（或由上下文决定其感情色彩）	贬义
• 补救的办法	• 采取行动	• 发起内战
•	•	•
•	•	•
•	•	•
•	•	•
•	•	•
•	•	•
•	•	•

B. 研究下列干预主义和孤立主义的定义。

干预主义是指由民族国家进行的非防御性或先发制人的活动，用来操纵其他国家的政府的政策。干预主义可能涉及的活动如：战争威胁，暗杀政府或军事领导人，以及实行各种经济禁运。

孤立主义是一种政治学说，认为政治统治者应该避免与其他国家结盟，和避免与领土防御不相关的战争。今日，孤立主义也用于经济保护主义。

C. 从课文中找出和两大政策相关的词汇，并把它们写在以下表格中。

干预主义	孤立主义
• 侵害主权	• 尊重主权
• 部署军队	• 尊重领土完整
•	•
•	•
•	•
•	•
•	•

D. 以上你所列的词汇具有相似和相反的含义。对于每个在 A 列中的词汇，从 B 列中找相应同义词，从 C 列找相应反义词。

A	B	C
1. 批准	a. 支持者	A. 国外
2. 主权	b. 必要	B. 撤退
3. 尊重	c. 安置	C. 敌手
4. 重要	d. 介入	D. 亵渎
5. 侵略	e. 国内	E. 谴责
6. 部署	f. 认可	F. 撤回
7. 内部	g. 自治	G. 属地
8. 主张	h. 尊敬	H. 微不足道

E. 集思广益为下列句子补充可能的结尾，并把上面的表格中的词语用到结尾中。
1. 不断插手其他国家的内部事务，最终会导致……
2. 国家间开始彼此合作以……
3. 现在在公共场所感觉没有安全感很平常的，因为……
4. 双重标准是指，有些国家被容许无视别人的领土完整，而其他的国家则……
5. 一些联合国成员国谴责干预，尽管事实上……

F. 阅读下面的假想情况：

X 国总统注意到邻近的 Y 国公民无法投票来决定国家的领导人或法律。于是 X 国的总统想要部署军队来解决这种不公平的情况，并询问你的对此决定的看法。

使用 C 表的生词给总统提出建议。同学 1 支持孤立，同学 2 支持干预。根据你的立场提出论点。例如。"我相信我们需要尊重 Y 国的自主权，因为……"

语言点二

A. 本单元课文中有用的成语

"登峰造极"

例句：由于启蒙运动和工业革命，西方文化和经济获得了质的突破和进展，种族和文化优越感达到了登峰造极的地步。

"千丝万缕"

例句：朝鲜经常实施挑起事端的恐怖威吓，造成区域不稳定。而这背后都和中国干涉有着千丝万缕的关系。

"大相径庭"

例句：西方和中国看待同一事物所抱持的观点可能大相径庭，不过，世界正是因为有那么多的不同，才不至于索然无趣。

B. 请用以上三个成语改写下列的句子。
1. 文化大革命把个人崇拜推向了最严重的地步。

   ____

2. 阿拉伯地区人们的文化心态与该地区的句式有这非常紧密的关系。

   ____

3. 儿童获得学校教育的机会因地区不同而有很大的差异。

   ____

C. 请用以上三个成语谈谈中国的外交政策问题。

讨论文章内容

A. 与你的同学一起，根据文章内容，使用环保 / 经济的词语回答以下的问题。

1. 西方媒体为何对中国进入非洲市场持有批判的态度?
2. 西方社会对中国的恐惧有什么样的历史渊源?
3. 为何说中国人与西方社会观点的分歧是来自文化传统的判断?
4. 中国有什么样独特的外交理念和对国家领土的理念?
5. 中国为何认为以人权为借口干涉别国"君"的利益是不道德的干涉主义?
6. 中西文化的世界观有何差异?

组织分析性的话语

了解带有中立政治色彩的词语

文化笔记1　在政治领域，为了避免因为使用带有歧视性或者政治敏感的词汇而引起的误会和冲突，常常会使用比较中立政治色彩字眼的词语。例如，使用"外来务工人员"代替带有歧视性的"农民工"。在描述中华人民共和国和台湾中华民国两个政府的关系时，会使用带有引申含义的"两岸关系"来避免引起任何一方的不满。因此，了解这些带有中立政治色彩的词语十分重要。

A. 从表格中找出合适的带有政治中立色彩的词语，替代下列句子中表达：

华人、异议分子、人士、政权更替、外来务工人员

1. 今天在这里集会的人都是对政府不满的反动派。
2. 借此新春佳节之际，我谨代表青年联合会祝全球中国人新年快乐、平安幸福。
3. 这几位海外画家都是在 1949 年中国大陆沦陷时不约而同去了台湾。
4. 本届政协会议首次邀请 25 名港澳台同胞代表出席会议。
5. 只要民工的子女能跟居住地职工子女在同一样学校上学，他们学到的知识和享受到教育师资，那么教育质量都是一样的。

B. 写一篇简短实例新闻报道最近在媒体上出现关于干预主义的议题。在你的报道中，使用关于外交辞令的专有名词。

组织假设

A. 阅读以下联合国新闻发布会发布的声明，看看科菲安南向联合国提出什么要求。

> 科菲安南，1997 到 2006 年担任联合国秘书长，曾在 2004 年四月的新闻发布会上说 :"如果联合国不为全世界人民在新千年的第一个十年决定未来方向"谁还能胜任这个重大责任?

B. 使用下图所示构造假说的图标，回应科菲·安南所提出的问题。

现状	+	现状的含义
• 如果 ~ 事现在发生了， • 如果 ~ 事是真实的， • 如果现在做 ~ 事，	→	• ~ 事就会发生 • ~ 事就会是真的 • ~ 事也可以做到

1. 解散联合国对 21 世纪会有重大的影响吗?
2. 如果没有联合国，政府怎么协调维持和平行动?
3. 是否有任何其他世界大国想要取代联合国的角色，或者有国家已经取代了联合国，即使联合国目前存在?

练习辩论

A. 选择其中一个角色，使用与环境和经济有关的生词以及其搭配进行辩论，每个人使用至少 10 个生词。
场景：在联合国会议上讨论关于某些区域可能发生的内战的战争策略。
角色 A：一个主张干预的国家代表。
角色 B：一个反对干预的国家代表。
角色 C：一个卷支持国家干预国际冲突的外国代表。
角色 D：一个卷反对国家干预国际冲突的外国代表

听力

听前活动

A. 在听录音文本前，预测你将会听到的观点，并填写下列的表格。

我们相信外国政府有正当理由干涉主权国家的内政。	我们相信外国政府没有正当理由干涉主权国家的内政。
•	•
•	•
•	•
•	•
•	•
•	•
•	•

听时活动

A. 听录音了解大意：根据所听到的录音文本，在上述表格中把录音中出现过的观点表示出来，并记下其他你没有想到的观点。

B. 听录音了解细节：再听一次录音文本，在你所听到的观点前标注“强”或“弱”，并为较弱的观点提出建议，使其更有说服力。

听后活动

A. 你认为哪一方的观点更有说服力？请引用他们的观点来支持你的回答。

B. 每场辩论都有结论部分，预测另一方将会提出什么样的结论。

提出观点的方式：口语

使用修辞技巧

A. 了解下列要点。

技巧要点 1 在第一章我们讨论到五大辩论策略中的第一个策略假设性问题："如果……，那么"，在这一章，我们学习如何使用第二个策略定义性策略，并将其运用在传播民主或侵犯主权的话题中。

定义性的论证包括清楚地理解和定义词语、短语，以及用来支持或反对一个观点的论证。这一辩论策略是从字典的定义开始，但短语、词汇和观点也可以被定义。

B. 注意上文所特别标注的重要词语或短语，你可以用这些词语支持你们一方的观点。例如，如果你争辩说，外国政府没有理由干涉主权国家的内政，你可能要集中于"主权"、"干预"和"领土完整"的定义，以及与这些词汇相关的基本概念的定义。

列出五个支持你们一方观点的五个方面。

1. ______
2. ______
3. ______
4. ______
5. ______

C. 在辩论中，你可以用这几个方面内容让你的论证更有力，或削弱对方的论证。例如，你可以提问或回答以下问题："如果我们同意主权是一个国家在一个地理区域内享有的绝对的权利，那一个国家怎么能合法攻击其他国家？"

D. 根据你列出的几个方面内容，写出你在辩论中可能会用到的五个句子或问题。

1. ______
2. ______
3. ______
4. ______
5. ______

E. 准备如何反驳。当你准备辩论时，你可以预估另一方会使用假设来支持他们的论证。你可以指出他们假设中的弱点或者后果，来加以反驳这些假设。举例来说，对方可能会争论基于"道德"的定义，干预是合理的。你可以反驳每个国家公民的责任可以用于定义"道德"，所以一个国家的"道德"会不同于另一个国家的道德。

F. 复习课文然后列出五个主要的对方可能会提出的假设，然后列出你会如何反驳这些假设。

1. ____________________
2. ____________________
3. ____________________
4. ____________________
5. ____________________

G. 第一单元复习和运用：记得在前面的章节中，我们介绍了使用假设性的问题。这章所讨论的是定义性策略，准备辩论时，可以使用这些策略来支持或反对你的立场。计划你可以在辩论过程中使用定义性策略方法。

可以套用的句式

A. 下列是做出否认的一些表述。复习这些语句，并将其用在你的口头和书面的议论中。

1. 尽管我同意 XX 在……的说法，但我不能接受他们的假设 / 要求 /……
2. 那……的说法似乎站不住脚，因为……
3. 一方面，我同意……，但另一方面，我不确定如果……
4. 任何熟悉……的人都应该会不同意……
5. 声称……可以证明是错误的

如何应对问题

A. 在辩论中你或许需要不完全明白对方所提出的问题，下列是做出澄清问题的一些表述。

- 你是询问关于 X 的话，我理解是正确的吗?
- 你要我解释 X 或 Y？
- 恐怕我不太明白你的问题。你可以解释你的意思吗?
- 您是否对 X 感兴趣?
- 你说的 X 是什么意思?
- 你能重复你的问题吗? 我不确定你说的是什么意思?

口头练习

A. 现在请你进行辩论。在辩论中使用到你准备的思路以及学习到的词汇、句式，但这些内容只能给你作为参考，你不能在辩论中照着念出来。

组织辩论：写作

组织有力的中心论点

一篇具有说服力的议论文在开头会有一个强而有力的中心论点——短短的一句话表达全文的主要论点，文章的其余部分则起到支持和发展的作用。一篇成功的论文需要符合以下标准：

1. 一篇论文只提出一个主要的论点。过多的论点会干扰读者。
2. 一篇论文建立了明确的范围。主题架构使读者了解作文将涵盖什么内容。
3. 一篇论文有一个明确的立场。清晰地表达一个人的立场，引导读者跟随其后论证过程的逻辑。

A. 阅读下面的论点，并根据上列的标准进行评估。哪一些论点是强而有力的？哪一些不具有说服力？说明你的理由。

- 一个国家在干预另一个国家的内政之前，必须考虑平民成本，也要规划出有效的退出策略。
- 军事干预是不好的。
- 有时候，军事干预是必要的。
- 当平民的生命受到威吓，军事干预可以是正当的。
- 干预另一个国家的事务有正反两面不同的观点。
- 任何国家都不应运用军事来干预另一个国家的事务，除非是受到威胁。

B. 阅读下列“观点的阐述”部分，找出文章的主要论点。留意作者如何围绕该论点展开全文。

干涉主义与孤立主义：观点的阐述

各国主权应该是独立的，不应受到外国的干涉

中国古代传统五经（即涉及政治文化最核心的五部经典）之一的《春秋》，是一部记录约公元前八世纪至公元前五世纪中国历史的编年史。在公元前 221 年秦始皇统一中国之前，后来所谓中国版图内的现实情况是国别林立，类似今天的国际生态。《春秋》作为中国人的政治道德范本，其中最重要的精神指示是，当别国有重大不义之举时，他国应该运用外交手段对其进行匡正，必要时甚至可以举义师对其进行军事打击。这就是孟子所说的：“诛其罪，吊其民，如时雨降，民大悦”，后来被简化为一个汉语成语叫做“吊民伐罪”，意思是慰问（他国）受苦的人民，讨伐（他国）有罪的统治者，（他国）的人民就会由衷感到欣悦。“为了维护民主，应干涉别国侵犯民主的行为”这样的论调实际上就是“吊民伐罪”的现代延伸。

这样看起来，中国式思维好像倾向于认为在必要的情况下对他国内政进行干涉是一种值得推崇的义举。而实际上，

孟子还说过另外一句更加深刻的话，叫做："春秋无义战"，意思是春秋时期（即大致《春秋》所记录的历史时期）各国之间的战争无一具有正义性，其本质都是为了争夺资源和国际地位而展开的争霸战争。用利益而非道德的观念来审视国际纷争，在当下仍然相当深刻。当代以民主为名，武力或其它方式干涉他国内政的做法，主要动机无非两点：一、防止专制大国坐大；二、对重要世界性能源的控制。首先，专制国家在资源的紧急调配和集中方面具有民主国家难以相比的高效，如拿破仑时期的法国，二战前期的德国、冷战前期的苏联，都曾以其高效在战争和竞争中一度占优。所以民主国家将专制国家，尤其是具备一定实力的专制大国视为国际竞争的重大不稳定因素而加以遏制——他们绝不会去关心太平洋某个小岛上某个专制部落的制度情况。除了专制大国之外，受到干涉的专制国家中又以能源国家为主，古巴、朝鲜受到的他国干涉显然要比西亚和北非地区的国家要少。

以上，我们首先去除了以民主为名干涉他国内政的道德优越感，接下来我们再来看看现实层面的问题。具体一个国家的民主化进程、国家制度的设计都受到其历史发展状况及文化背景的深刻影响，是一种自发性的选择。正因为是自发性的选择，所以必然带有差异性。这就好像英国人不能理解法国的拿破仑三世何以能够大手一挥就能把旧巴黎城几乎推倒重建（这被认为是极不民主的表现），美国人不能理解何以英国皇室至今享有尊崇的社会地位，中国人不能理解日本的国家元首如走马灯一样换来换去，等等。通过强行干涉内政的方式来输出制度，深受干涉的国家鲜有不陷人内乱之中，至今动荡不已的伊拉克、叙利亚等国就是最好的例子。强行输出民主与不民主之间究竟何者对当事国为害更深，关于这一点，历史似乎还没有给出公允的答案。

让我们以现代社会中的人际关系来做个比方。假如说你知道你的邻居在家有酗酒、虐待妻儿的恶习，而你是一个具有高度道德责任感的人。你是否会逞一时之勇冲进你的邻居家里把他痛打一顿，然后要求他痛改前非呢？我想，即便你比你的邻居要更加强壮，你也不会选择这种方式。在更多的情况下，你会选择报警，请具备法律资格的专门人员来处理这单事件。为什么尽管你有一副侠义心肠，却绝不会选择冲进邻居家里直接干涉的方式呢？因为在现代社会的法律要求下，你不具备实施惩戒的法律资格，如果你这样做，首先将自己置身于非法和非道德的处境。除了报警之外，你在自身范围内可以做的事情是回避与这样的邻居往来，以及告诉你的朋友这个邻居有何种潜在的危险。

如将这个比方对应为国际社会中国别与国别的关系，道理是一样的。早在十八世纪末，哲学家康德就已经在《永久和评论》中提出了世界联邦的构想。二十世纪经过两次世界大战以来，国际社会已普遍认识到树立超越国别之上的国际权威组织的重要性，所以先后建立了国际联盟和联合国，使得国别之间因于利益、观念的差异而产生的纠纷有了诉诸规则的可能性。尽管联合国在今天对国际强权仍缺乏普遍的约束力，但这是国际社会发展的必然趋势。就好像人类社会的发展，从上古之初的丛林法则发展出代表公义和秩序的法律。规则的约束力越强，人类社会的文明程度越高，而不是相反。作为当今任何一个大国而言，着力建设和完善国际规则，以规则对抗不义而非以不义对抗不义才是坚持国际公义发展的方向。

B. 写一篇你对于干预主义的立场的论文，与你的同学交换阅读论文并依照上列的标准来进行评估。

写一篇说明你的立场的文章

A. 请围绕“干预主义与孤立主义”话题，写一篇说明你的立场的议论文，文章大约包含 5–6 段。记得在文章中使用你所学到的词语。

自我评价

自我评量

A. 回想一下到目前为止所做的练习，依据下面的评量表回答下列问题并为自己评分。

1. 我已经准备好了这个辩论题目
2. 这个辩论题目激发了我的兴趣
3. 我花了很多时间和努力来准备这辩论题目

1	2	3	4	5	6
完全同意	同意	有点同意	有点不同意	不同意	完全不同意

B. 如果你的答案大部分在红区，你能做些什么移动到蓝色区？如果你大部分的答案在蓝区，你能做些什么留在该区？

___

___

___

___

生词复习

从在本章中你所学过的生词中，选出你觉得在辩论时最有用的十个生词。

1. ______________________________
2. ______________________________
3. ______________________________
4. ______________________________
5. ______________________________
6. ______________________________
7. ______________________________
8. ______________________________
9. ______________________________
10. ______________________________

单元
3

小心间隙

财富重新分配与自力更生

(Credit: Dana Scott Bourgerie)

阅读前导活动

话题介绍

A. 在课堂外，采访几个人，他们必须是 (1) 非中国人，以及 (2) 以英语为母语的人（如果可能的话）。记录以下问题的回答。

收入不平等状况调查			
	你的国家是否有很大的贫富差距？	你认为富人和穷人的生活质量有什么不同？	你认为哪个国家有最大的贫富差距？哪个国家有最小的贫富差距？
第一位受访者			
第二位受访者			
第三位受访者			

B. 使用以下财富分配图来查找在采访中所提到的国家，根据地图的讯息检查你的假设是否正确。

2014 世界财富水平

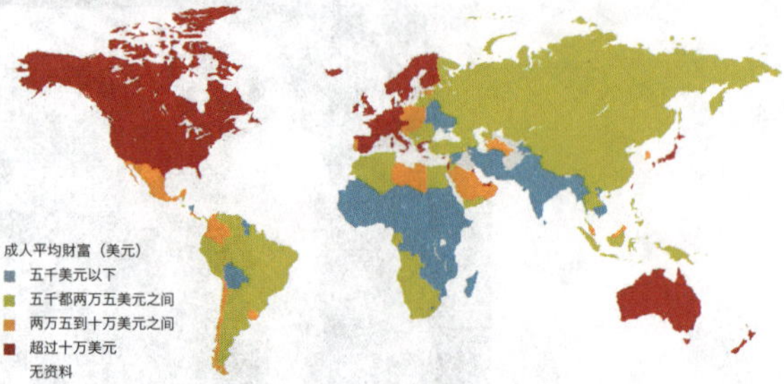

Source: Anthony Shorrocks, James Davies, Rodrigo Lluberas: Credit Suisse, Global Wealth Databook 2014, Copyright: Credit Suisse AG

C. 现在和几个同学一组，报告你的采访结果。在这个小型的报告会上，请回答下面的问题，并自己想出两个问题与其他组员讨论。

1. 根据财富分配图，你同学的意见有多准确?
2. 你发现大部分是相似还是不同的意见?
3. 什么因素促成组员们的假设?
4. ______________________________
5. ______________________________

D. 阅读语言注释 **1** 里“财富重新分配”以及“自立”的含义。和一位同学解释哪两个概念与你的个人观点最接近，并说明原因。

语言注释 1

财富重新分配是转移某些人的收入、财富、财产，透过社会机制的方式进行，如税收、货币政策、福利、国有化、慈善等。大多数情况下它指的是渐进式的再分配，从富人到穷人，但它也可能是指回归再分配，从穷人到富人。

经济上的自立是指有能力管理自己的事务，作独立的判断，并自给自足。自立的行为是指个人靠自己的努力，而不是寻求其他人或机构的帮助。

E. 再次阅读本课标题“小心间隙”。看下面的图片，解释的“小心间隙”还有什么其他意义。

1. ______________________
2. ______________________
3. ______________________
4. ______________________

(Credit: By Juergen Rosskamp)

(Credit: By Joe Knapp)

F. 根据文章的标题“小心间隙”，列出可能在这篇文章中出现的议题。

1. 帮助穷人
2. ______________________
3. ______________________
4. ______________________
5. ______________________

勾勒思路图

A. 激发你的灵感，当谈到个人发展与学业问题时，你会想到哪些词，越多越好。整理你的思路，填写下列图表，勾勒两张思路图。读完课文后，你可以加入更多的信息，现在若无法填写，可以先留空。

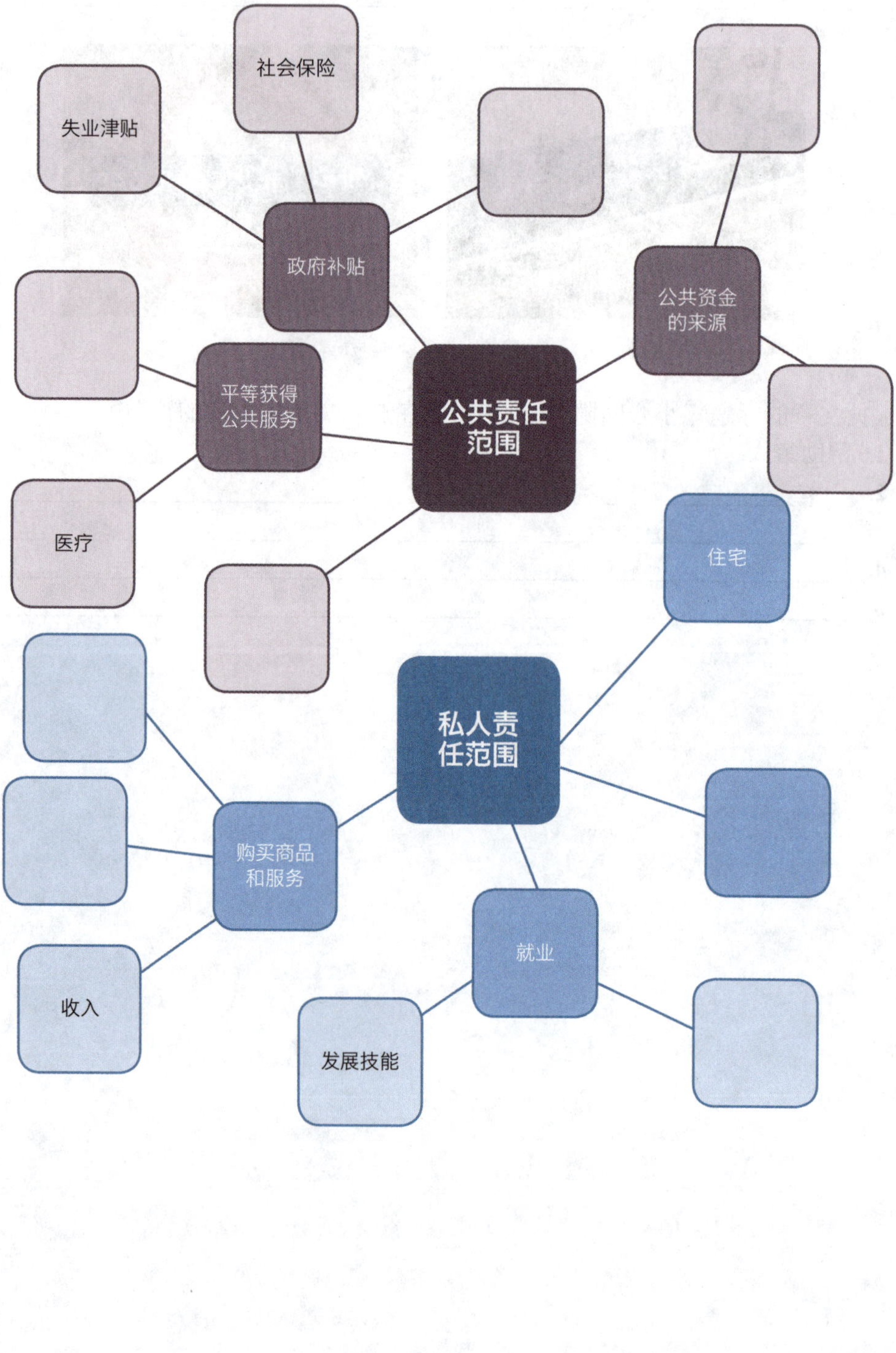

B. 比较你和同学的思路图以激发更多的灵感。完成两张思路图后，看看什么样的话题能把两张图联系起来。也就是说，什么样的话题与公共和私人的责任范围都有联系。

讨论现象和观点

A. 阅读下列企业家的语录，选择正确的词语把句子补充完整。

人格、财富、贫困、阶层、富裕

1. 所谓实业者的使命，就是使全社会的人都摆脱______，走向______。
—松下幸之助
2. 你不可以只生活在一个人的世界中，而应当尽量学会与各______的人交往和沟通，主动表达自己对各种事物的看法和意见。
—李开复
3. 个人的信用是______，公众的荣誉是保障金。
—J.P. 摩根
4. 对金钱执迷的人是______卑贱的人。
—安德鲁 . 卡内基

B. 你最赞同以上哪一个说法，请说出理由以支持你的观点，并向你的同学报告。

了解这一话题

重点阅读

A. 在阅读“小心间隙”的同时，在下表中列出辩论双方的观点。

政府应当强制执行财富再分配	政府不应当强制执行财富再分配
• 慈善活动	• 传统自由主义经济体制
• 税收杠杆	• 倡导经济自立
•	•
•	•
•	•
•	•
•	•
•	•
•	•
•	•
•	•

B. 当你听播客 3 时，请注意你在文章中不熟悉的生词的发音。

危如累卵还是必然阶段——关于中国贫富差距的不同判断

中国唐朝诗人杜甫曾经写过一句诗歌：“朱门酒肉臭，路有冻死骨”，[1] 意思是说贵族人家里飘出酒肉的香味，穷人们却在街头因冻饿而死。这是形容当时社会财富的分配不均、贫富差距大，平民生活缺少保障的现象——在诗中，杜甫对劳动人民充满了同情，而对富人饱含了怨恨和批判。类似的情况似乎在当代中国正在发生，中国社会的贫富差距之大，俨然是个不容争辩的事实。数字首先能说明问题——2013 年中国国家统计局局长马建堂公布了过去十年中国基尼系数,[2] 其中 2012 年中国为 0.474,2013 年为 0.473。但有另外的统计认为,中国的基尼系数早就超过了 0.5,远远超过了国际社会认为的安全底线。也就是说,中国的贫富差距或许已经达到危及社会安全的程度。

各种媒介的报道也在不断证明这一点,其中不乏一些轰动性的作品。比如,2008 年春天(中国即将举办奥运会之前),日本 NHK(日本放送协会)播出了一部反映中国深层社会现实的纪录片——《激流中国》。该片的第一集的题目就叫"富人与农民工",主题就是"贫富差距"。在片中,北京富豪李晓华(某投资公司老总)拥有一座价值 5000 万人民币宫殿式豪宅的同时,天津的农民工杜文海父子却因为交不起 60 块钱的房租而遭受房东的辱骂;金波(某广告公司老总)的儿子三岁起就到国外上最贵的学校,接受最好的教育,而与此同时,农民工张建平的儿子却因交不起手术费,无法治疗导致右手一直残废着。贫穷和富裕两组镜头交互剪辑,用截然相反的景观刺激着观众视觉,令人触目惊心,又感慨万千。该片甚至引发了中国政府的反对性意见,尤其认为第一集"基调消极,观点负面,造成了不良影响"。通过交涉,在 2008 年 7、8 月间短暂停播后恢复播出。北京大学历史系教授杨奎松曾经就《激流中国》第一集回答媒体的提问,认为"没有人能够否认今天的贫富差距拉大了,中国相当多数的富豪或富翁致富的手段太过权力化"。[3]

该片编导的态度,也是中国社会当下的一种主流态度,即认定"贫富差距"是一个很坏的东西,是一个必须加以改变的社会现实。这一判断的理论依据是"当基尼系数达到一定程度之后,就会引发社会的不安定。"因此,缩小贫困差距是包括中国社会在内的所有社会的共识。但共识归共识,在中国语境下,对贫富差距的具体判断却是多元的,有些甚至完全相反。玩味这些不同判断,可以引发我们更为成熟的思考。

首先我们来看关于贫富差距的批判态度——贫富差距会导致严重的社会不安定,进而影响中国社会的稳定和发展。更重要的是,"贫富差距"在道德上是有所亏欠的,也就是说,一个社会如果让富人很富,穷人很穷,那么这个社会的品德是卑劣的,是会受到谴责的。所以,这一情况必须得到改变,而主要责任则落在富人和政府身上——是富人的为富不仁和政府的政策失当导致了贫富差距的产生。因此,持这一观点的人在批判贫富差距的同时,也很自然地会批判中国政府的相关政策。

持这一观点的人往往是一些人文知识分子,他们的批判依据是所谓的人文主义关怀,如中国著名作家梁晓声。梁晓声是一个最贫富差距非常敏感的作家。作为全国政协委员,[4] 他曾经在 2011 年的全国政协会议上对中国社会的贫富差距提出严厉抨击,以至于媒体评论他对政府所有的建议都可以浓缩为两个字"要钱",或者更准确地说"为穷人要钱"。这一观点换一个书面的语言就是"社会财富应平均分配"。梁晓声在政协会议上的诸多言论被媒体广为报道。比如,他批判中国财富增长的罪恶,进而从道德上否定贫富差距的合理性:"中国 GDP 快速增长的过程极不文明……我将不断呼吁通过立法使工人获得合理劳动价值的份额。"在这里,他明显地在批判中国富人们获取财富的不道德,或者说他们的财富是有原罪的。而普通民众则既卑微又贫困——“中国的钱是中国人挣的，挣了大大方方地分了，普通劳动者才有为国家当‘工蚁’的后劲。”在这里，他将中国的普通劳动者比喻成“工蚁”，凸显了他们在当代社会中悲惨的生存状态。而面对这些值得同情的“工蚁”，中国社会要做的就是“把钱大大方方地分了”。他还为贫困阶层呼吁要获得更多的社会福利：“城市退休工人的退休金还须涨；医疗福利还要再提高；普通劳动者的工资和纳税额线也还有上调空间。”——这句话明显地是向政府促逼相关政策尽快出台，以穷人获得更多的财富。[5]

如果说，梁晓声是用文人知识分子的感性抨击财富不均的罪恶，呼唤“均贫富”时代的到来，那么学者们的判断则更加讲究逻辑性和学理性。清华大学孙立平教授认为，中国的贫富差距问题之所以恶化，是因为整个社会结构出了问题，更准确地说，贫富差距已经被定型为社会结构，也就是说谁是穷人谁是富人，已经开始落实到具体的个人和家庭，而且不太容易发生变化，这是一个越来越危险的社会趋势——因为穷人在这样的社会中会变得没有希望。中国社会在上个世纪 80 年代初（即所谓改革开放的初期）开始出现贫富差距，但那个时候“穷人”和“富人”身份之间的转换是动态且灵活的。1980 年代的农民可以通过种地、饲养动物或者开办乡镇工业企业成为富人，而公务员、国企职工、大学教授等职业的人也并未因为自己的职业身份和社会身份能获得更多的财富。但从 2000 年前后开始，穷人和富人群体的结构越来越稳定，进而开始出现所谓的“穷二代”和“富二代”，而目前的社会结构如果不发生结构性的变化，那么“穷二代”和“富二代”的后代们会分别“穷”和“富下去”。因此面临这种情况，单纯地“社会财富再分配”已经远远不够了，更重要的是国家要出台更有效的法律政策促进社会结构的转变，甚至要进行政治和经济体制的变革，而这是一个相对漫长的过程。同时，富人也要转变观念，建立正确的财富观，比如他们要建立自己健康的慈善捐助观念，让自己的财富可以有效地回归社会，帮助穷人。但让中国富人的观念发生如此变化，同样也是一个漫长的过程。

总之，之所以出现贫富差距的现象，根本原因是政府的政策失误和富人的观念落后——而这一切是值得被批判的：政府很多应该做的事情没有做，而富人们的财富观念是错误的。

这听上去很有道理，但也有不同意见。虽然贫富差距在中国的存在是毋庸置疑的，但未必是政府的政策或富人们的为富不仁等观念造就的，而是另有原因。这个原因主要有两点，一是“穷人心态”，二是所谓的“历史必然阶段产物”。

如果说，批判“贫富差距”的不道德——这是将穷人置于一个道德高地的位置，而将富人和掌握权力的政府置于道德的反面。[6] 那么，“穷人心态”的说法则取消了穷人在道德上的优越感，进而很容易得出结论：穷人的“穷”是自作自受的结果。中国有一档非常著名的电台脱口秀节目叫“冬吴相对论”，拥有广泛的听众人群。它有一期节目名字就叫“穷人心态”。在节目，两位主持人探讨的一个核心问题就是“‘穷’是由于穷人自己的‘穷人心态’造成”（相应的，富人之所以“富”是因为他们有富人心态）。他们归纳了穷人心态的几个特征，包括：立刻要求回报，不愿长远投资和发展；注意力分散，同时在做好几件事情；吝啬——无论是自己的财富还是金钱；等等。而所谓富人之所以富，是因为富人具有一种“富人心态”，在节目中，两位主持人以美国钢铁大王洛克菲勒（John Davison Rockefeller）自己的话为例阐释什么叫“富人心态”：洛克菲勒认为自己之所以是个富人，是因为他比大多数穷人都能花更短的时间、更专心地沉浸在自己的工作中（无论在任何地方，他只要 5 分钟就可以专心致志地开始自己的工作），而不是三心二意，同时做好几件事情，进而很焦虑什么事情都做不好——这正是穷人做事情的方式。富人心态还包括愿意整块地、大量地使用时间金钱，而穷人心态则是碎片化的、零敲碎打地使用时间和金钱。如此，穷人本来就穷，还把钱分开来花，就更加买不到好东西；本来工作就忙碌，还将自己的时间切割得七零八碎，于是就更没有整块的时间做重要的、难做的事情，就愈发无法获得事业的成功，[7] 而富人正好相反。于是，穷人越穷，富人越富。

这期节目虽然谈的是一种关于穷人和富人的工作和生活心态的差异，但是相对于前文所述，它针对中国的“贫富差距”提出了一种崭新的判断角度，即一个人穷或者富，其根本原因在于他自己做事情和生活的态度，与国家政策、法规、社会变迁、阶级结构等等并无关系，穷人若要摆脱贫穷，关键是自己的努力，即要拥有富人心态。

学者们也在从学理上证明“贫富差距”的人性的、心理学的基础，从某种意义上这淡化了关于这一命题社会批判的力度。比如，中国人民大学教授郑功成认为，造成个人收入差别的原因主要有三条：一是个人先天的禀赋与后天培养的能力之间的差异，每个人能力不同，于是他们提供劳动的价值就会有所不同，在此基础上获得的报酬自然不尽相同；二是人生机会的差别。每个人获得工作的机会不同，收入水准也会不同。他说“机会虽然总是给有准备的人，但有准备的人并不必然有同等的机会”——这就要看上帝或者老天爷的安排了。三是，分配制度的差异。一个国家采取什么样的分配制度，会明显影响到收入分配格局。公正的收入分配体制，有可能弥补由于个人禀赋差异或者机会差异带来的收入差距，而不公平的收入分配制度则会放大这种差距。[8] 在郑教授的上述观点中，第一点和第二点都是和个人的能力、命运相关，即是所谓的个人因素，只有第三点才是社会的、制度的原因。这种排序或许也能给人以一种暗示，即“个人因素”是决定贫穷和富裕的决定性因素。

按照这样一种逻辑，我们很容易得出一个相对乐观的判断，即中国贫富差距现象虽然严重，但这只是历史发展的一个必然阶段——只要人们克服自己的穷人心态，就会富裕，进而缩小贫富差距。这种乐观首先体现在对当下中国社会性质判断的基础上，即中国目前的贫富差距拉大是在社会整体进步的基础上产生的，不是社会退步或社会危机的产物。比如，当下中国虽然贫富差距很大，但这是在包括农民在内的全体中国国民总体生活水平上升的基础上的拉大，不是贫者愈贫，富者愈富。有数字为证，农村绝对贫困人口数已经从 1985 年的 1.25 亿下降到 2006 年的 2148 万，即便加上刚过温饱线的低收入人口 3550 万，也可以看出农民生活状况正在改善。[9] 按照这一逻辑，中国目前面临的情况并不是贫富分化的贫富差距，而是大家都处在一个走向富裕的过程中，只是富裕的程度不同而已——当然，很多人是不同意这一点的，但也有很多人在持支持的观点。比如郑功成教授有自己的判断——"虽然我国的基尼系数比较高，但还不能因此而认定贫富差距已经十分严重甚至可怕，因为国家继续处于发展上升期的格局没有改变，绝大多数城乡居民在国家发展中获得越来越多实惠的格局没有改变。"[10] 所以，当下中国虽然面临着严峻的贫富差距，但这只不过是中国社会发展的一个必然阶段而已。在这个阶段里，社会财富高度增长，合理的分配机制难免滞后，出现穷人和富人之间的差距和不平等。但不要紧，只要中国经济持续发展，过了这个历史阶段，一切问题都会迎刃而解。而美国、英国等西方发达国家在经济高速发展的过程中，都经历过一段"贫富差距巨大"的社会发展时期，比如美国所谓的"镀金时代"(The Gilded Age)[11] 也是贫富差距很大，但随着社会进一步发展，这一问题不是得到了很好的解决吗？中国也一样，不必过多地苛责政府和富人们，情况没有那么严重，贫富差距所引发的各种问题随着时间的推移会得到很好地解决。

那么，中国的贫富差距究竟是否危险，这成为了一个有争议的问题。而且仔细思忖，其背后所涉及的因素出人意料得复杂。中国著名的报纸《南方周末》曾经刊载过一幅漫画，画中一个身材肥硕的富人挺着自己的大肚子将一个穷人挤到一边，这个穷人衣衫褴褛，骨瘦如柴，被挤到一边实在是非常可怜。[12] 漫画的文字说明是"美国密歇根大学的一项研究称，中国贫富差距已经超过美国。不管中国是否承认这项调查结果，中国贫富差距悬殊，难得的算是已有共识"，但随即的判断却是"值得庆幸的是，中国经济仍处于发展期，而民众的忍受能力也相当不错，这意味着时间站在中国一边。"好，关键就在这里——这是否在暗示，只要经济发展，中国的贫富差距问题就会迎刃而解？更重要的是，面对贫富差距，中国人和西方人或许是不同的，他们的"忍耐力"更强。这是为什么呢？是因为中国传统儒家文明的传统，让中国人安于国家、社会赋予的社会身份、文化身份和财富身份，还是因为缺乏现代民主自由意识熏陶的中国人更容易忽视自己的财富权利？这些都值得我们进行更为细致和深入的思考。

附录

1. "朱门"的字面意思是"红色的大门"，古代中国贵族家庭的大门往往都是刷成红颜色以示富贵。臭是"味道"的意思。
2. 基尼系数（Gini Coefficient），是 20 世纪初意大利经济学家基尼，定义的判断收入分配公平程度的指标。它是一个比例数值，在 0 和 1 之间，是国际上用来综合考察居民内部收入分配差异状况的一个重要分析指标。一般认为，0.4 是国际公认的基尼系数警戒水准，即这样的贫富差距已经让社会达到了一种不安全的程度。
3. 参见维基百科："激流中国"词条，http://zh.wikipedia.org/wiki/%E6%BF%80%E6%B5%81%E4%B8%AD%E5%9B%BD。
4. 政协委员，即加入中国人民政治协商会议的成员。"中国人民政治协商会议"简称"政协"，是中华人民共和国政治体制中的组成部分，它中国共产党领导的多党合作和政治协商的重要机构。通过这一机构，中国社会中的各种党派、无党派人士、各社会团体等和作为执政党的中共一起参政议政，并对政府施政形成民主监督。由于加入政协的人士大都是社会精英，因此有些人也将中国的政协比照西方社会的上议院（the Upper House）。但其中还是有相当大的差别。
5. 方可成："2011 年两会十大言者"，http://www.infzm.com/content/56402。

6. 这种观念在中国曾经非常流行，其最广为人知的表达就是毛泽东对中国产业工人的一句评判："高贵者最愚蠢，卑贱者最聪明"。这导致中国在1949年之后相当长的一段时期内，"越穷越光荣"成为一种普遍的社会风气和主流意识形态，这种情况直到改革开放后才得到根本改变。
7. 《冬吴相对论》，第417期"穷人心态"，网络收听地址 http://www.hhxin.com/dongwu/80417.html。
8. 参阅中华网：中华网论坛，"专家：贫富差距是国家发展进步的必然要辩证地看待"，http://club.china.com/data/thread/12171906/2734/91/59/9_1.html。
9. 杨奎松："关于建国以来党政干部收入的问答"，http://www.infzm.com/content/7252。
10. 参阅新华网："人大常委解读基尼系数：辩证看待中国贫富差距"，http://news.xinhuanet.com/politics/2007-12/03/content_7188039.htm。
11. 1873年，美国作家马克·吐温（Mark Twain）出版了小说《镀金时代》。从此，人们用这个词来形容，从南北战争结束到20世纪初的那一段美国历史。这一时期美国的工业化极速发展，国家财富迅速增长。但商业上的投机风气猖獗，政治上腐败严重，不少人以不正当手段发财致富，并以炫耀财富为荣，所以有些人认为这一本应是"黄金时代"的岁月不过是"镀金时代"罢了。
12. 参阅 http://www.infzm.com/content/100504。

阅读理解

A. 根据文章内容，选择正确的答案。

1. 文章的主要目的是？
   a. 说明中国的贫富差距或许已经达到危及社会安全的程度。
   b. 指出贫富差距如何影响到中国的社会稳定和经济发展。
   c. 展示人们对中国的贫富差距这一具有争议性问题的不同意见。
   d. 说明中国的贫富差距只是历史发展的一个必然阶段。
2. 在文章中，作者梁晓声为何提到"工蚁"？
   a. 是为了呼吁应提高普通劳动者的收入水平。
   b. 是为了批判中国富人们获取财富的不道德。
   c. 是为了批评穷人只依赖社会救助，不自立更生。
   d. 是为了督促政府更严格地限制富人获得财富。
3. 文章为何提到"穷二代"、"富二代"？
   a. 是为了说明富人致富的手段太过权力化。
   b. 是为了批评贫困阶层没有得到足够的社会福利。
   c. 是为了呼吁富人建立其慈善捐助观念。
   d. 是为了敦促国家出台政策促进社会结构的转变。
4. 下面哪一项不属于穷人心态的特征？
   a. 注意力分散，三心二意
   b. 只看到眼前的利益
   c. 碎片化地使用时间
   d. 能很快地专心开始工作

5. 下面的说法中，哪一项符合郑功成教授的看法?
    a. 造成个人收入差异的最主要原因是不公正的收入分配制度。
    b. 个人贫穷和富有的决定性因素很大程度上属于个人因素。
    c. 个人能力的不同并不是造成个人收入差别的原因。
    d. 收入水平如何实际上要看老天爷的安排。
6. 下列哪一项符合“中国现在的贫富差距现象是历史发展的一个必然阶段”这句话的意思?
    a. 只要中国经济持续发展，就能自然而然地解决贫富差距的问题。
    b. 中国经济高速发展导致了贫富分化现象十分严重。
    c. 政府和富人们应该对中国的贫富差距现象负责。
    d. 中国的贫富差距十分危险，贫者愈贫，富者愈富。
7. 最后一段的主要意思是?
    a. 中国的贫富差距已经超过美国，应该值得全国人民的重视。
    b. 因为缺乏民主自由意识，中国人忽视自己的财富权利。
    c. 虽然中国贫富差距悬殊，但经济仍然处于发展期，未受影响。
    d. 中国贫富差距的问题在人们眼中是仁者见仁，智者见智。

掌握词汇

词汇搭配	
政府和社会领域	普通领域
1. 贫富差距 / 不平等 Pínfù chājù/bù píngděng	1. 恰当的例子 Qiàdàng de lìzi
2. 合理的工资和安全的工作环境 Hélǐ de gōngzī hé ānquán de gōngzuò huánjìng	2. 激烈的辩论 Jīliè de biànlùn
3. 政府补贴 Zhèngfǔ bǔtiē	3. 处于 ~ 的极端状态 Chǔyú ~de jíduān zhuàngtài
4. 累进所得税制度 Lěijìn suǒdéshuì zhìdù	4. 影响的因素 Yǐngxiǎng de yīnsù
5. 公共服务 Gōnggòng fúwù	5. 分文不取 Fēnwénbùqǔ
6. 安全保障 Ānquán bǎozhàng	6. 最常用的 Zuì chángyòng de
7. 社会的阶级 / 阶层 Shèhuì de jiējí/jiēcéng	7. 火上加油 Huǒshàngjiāyóu
8. 社会公正 Shèhuì gōngzhèng	8. 带动作用 Dàidòng zuòyòng
9. 为 ~ 人赚取财富 Wèi ~rén zhuàn qǔ cáifù	9. 远不如 Yuǎn bùrú
10. 依靠社会救济金生活 Yīkào shèhuì jiùjì jīn shēnghuó	10. 处理问题 Chǔlǐ wèntí
11. 提供平等的机会 Tígōng píngděng de jīhuì	11. 建立关系 Jiànlì guānxì
12. 提升生活水平 Tíshēng shēnghuó shuǐpíng	12. 道德义务 Dàodé yìwù
13. 高税率 Gāo shuìlǜ	13. 提供诱因 Tígōng yòuyīn
14. 全民医疗保险 Quánmín yīliáo bǎoxiǎn	14. 获得许可 Huòdé xǔkě
15. 财富重新分配 Cáifù chóngxīn fēnpèi	15. 对……表示认可 Duì . . . biǎoshì rènkě

拓展词汇

A. 使用上面的语段搭配，完成阅读前导活动中的思路图。你可以加入一些新的文本框和词语。

B. 在“政府和经济”一栏中的语段中，寻找符合下列定义的语段。

1. 透过社会机制的方式，如税收、货币政策、福利、国有化、慈善等，来转移社会某部分人的收入、财富或财产。
2. 在一个社会中，个人和团体之间的财富及收入的差异。
3. 社会中每一位成员的医疗费用皆由政府承担。
4. 一个不会危害健康的工作环境。
5. 落实对可能发生的不幸或困难所采取的保障措施。
6. 被解雇后接受政府的财政援助。
7. 不歧视员工和其他人，特别是在性别、种族或年龄等方面。
8. 为国家的所有公民提供政府服务。
9. 政府对企业的援助。
10. 以税收的比例来讲，高收入者被征收的税比低收入者的按一定比例地高。

C. 在以下每一行中，先删掉一个和其他生词所属领域不同的生词，再和一位同学解释其他三个生词间的关系。

1. 工资	奖金	社会阶层	财产
2. 医疗	教育	公平	福利
3. 基金	国家安全	税收	津贴
4. 等级制度	贫富差距	道德责任	慈善行为
5. 治安	社会救济	自给自足	职业

D. 为下表左边的词语选择最正确的搭配，到“北京大学 CCL 语料库检索系统”（点击“汉英双语语料库”，选择“高级查询”；也可以直接输入网页地址 http://ccl.pku.edu.cn:8080/ccl_corpus/advance_search.htm 进入）把生词及其可能搭配的词语输入在两个空白，然后选择“有序相距小于等于”选项并在后面空格填写多少字（例如：30)。然后点击“Search”。（你也可以试试中央研究院现代汉语平衡语料库 http://www.sinica.edu.tw/SinicaCorpus。

北京大学语料库

1. ______合理的收入分配制度，进一步加强对企业工资分配的宏观调控，______企业普通职工工资合理增长，已经成为当前______社会和谐稳定的重要因素之一。
2. 应该把残疾人就业保障金的收取______地税部门代收范围，建议国家允许安置残疾人达到一定比例的企业______相应的优惠。
3. 随着城市化和社会现代化进程的______，公共的社会公共需求发生了重大的变化，要求政府______无差别的、权利性的和公平性的公共服务。
4. 今年以来，本省突出重点、狠抓难点，开展食品安全领域综合治理，进一步______食品安全保障水平，______人民群众舌尖上的安全。
5. 生育二胎不但______了抚养孩子的成本，也会让一个家庭的生活水平受到很大______。因此对很多家庭来说，二胎真的不是想生就生的。不仅在经济上要有一定的储备，夫妻俩也要在精神上做好准备，重新______新的生活模式。

E. 写下五句在辩论时可以用来支持你的立场的句子。每一个句子必须使用上面例句中其中的一个粗体字和搭配词。

了解词汇意思

语言点一

A. 尽量写下可以在谈到 (1) 政府，(2) 穷人，和 (3) 富人使用的搭配词，有些搭配词可以用来重复使用。

政府	富裕阶层	贫困阶层

B. 阅读文章，找出梁晓声、孙立平、郑功成等学者关于中国社会财富分配的意见。与一位同学一起，用 A 中的词语回答下列的问题。

1. 他们对社会财富分配情况持什么态度？
2. 对贫富差距问题持批判态度的学者认为是什么因素导致该问题的出现？
3. 对贫富差距问题持批判态度的学者如何看待这一问题？
4. 根据文章的分析，在社会财富分配问题上，你会对中国的领导人提出什么样的建议？

C. 请在左栏内找出意思与右栏相同的词语。

1. 不容争辩	a. 最重要的原因
2. 社会共识	b. 没有统一的看法
3. 为富不仁	c. 绝对的事实
4. 决定性因素	d. 自然地解决问题
5. 迎刃而解	e. 为了钱不惜用尽各种方法
6. 有争议	f. 大家都这么认为

D. 用括号中的其中一个较合适的搭配词来完成以下句型。

1. 大国政府的支持者相信……（有道德义务 / 社会保障）。
2. 财富重新分配可能导致……（极端 / 靠救济金生活）。
3. 在经济危机期间削减公共支出……（火上加油 / 带动作用）。
4. 主张自力更生，突显个人的角色……（挣～人的财富 / ～因）。
5. 富人不同意……（社会公正 / 负担更高的税）。

E. 从下图五位名人关于税收的名言中找出与下表左侧主要观点所对应的名言，填写在右侧，并指出名言中两到三个关键词。

1

在公家极端困难时，要人民多负担一点，也是必要的，也得到人民的谅解。虽在困难时期，我们要注意赋税的限度，使负担重而民不伤。而一经有了办法，就要减轻人民负担，借以修养民力。

毛泽东

2

至于吾商出口之税，重于外商人口之税，此与各国保商之道相反，商务安得不困？

康有为

3

凡我国所有者，轻税以广去路；我国所无者，重税以遏来源、收我权利，富我商民。

清．郑观应

4

取之有度，用之有节，则常足；取之无度，用之无节，则常不足。

唐．陆贽

5

我们则必须认真实行‘两利’、‘兼顾’的政策，税不应多收但也不能少收的政策

邓小平

主要观点	语录中及其关键词
1. 税收应量力而人	
2. 应对进口产品收重税	
3. 困难时期可增加税收但不能使人民负担过重	
4. 税收不应过多也不应过少	
5. 应减少出口关税	

F. 你最赞同哪一位名人的税收观？请说明你的理由。

G. 阅读下列图表中关于各国税率比较的数据，选择其中一个国家，分析其税率如何对该国的人民生活水平有所贡献，你可以从该国的经济状况、经济收入的差距、公共服务的覆盖面和质量等与之有关的方面去分析。回答时使用至少五个生词。

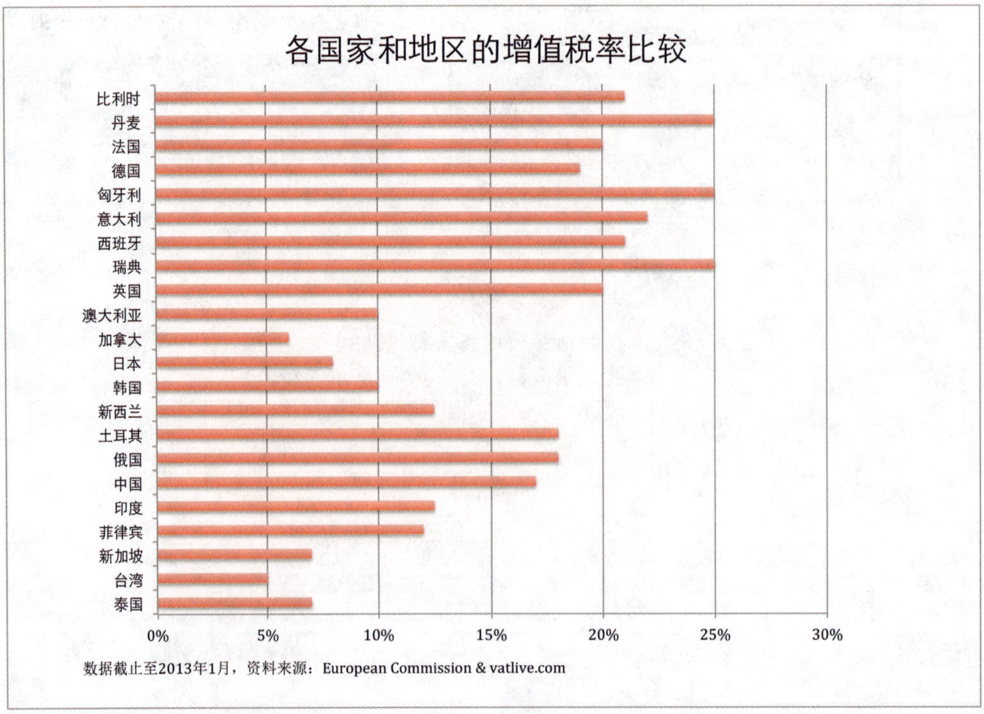

语言点二

A. 本单元课文中有用的成语

"截然相反"

例句：贫穷和富裕两组镜头交互剪辑，用截然相反的景观刺激着观众视觉。

"毋庸置疑"

例句：虽然贫富差距在中国的存在是毋庸置疑的，但未必是政府的政策或富人们的为富不仁等观念造就的。

"出人意料"

例句：而且仔细思忖，其背后所涉及的因素出人意料的复杂。

B. 请用以上三个成语改写下列的句子。

1. 我们对这一问题的看法完全不一样。

____

2. 他的个人能力非常优秀，这是大家公认的。

____

3. 政府做出这样的选择并不让大家感到意外，因为这是在所难免的。

____

C. 请用以上三个成语谈谈中国的贫富差距问题。

讨论文章内容

A. 与你的同学一起，使用上述的词汇搭配来回答以下的问题。

1. 什么基尼系数，基尼系数的高低意味着什么？
2. 如果贫富差距巨大，会给社会带来什么影响？
3. 中国的学者们对该国的贫富差距问题持有什么样的态度？
4. 财富分配是否会造成社会地位分层？为什么？
5. 富人是否有道德的义务去帮助穷人获得更多的财富？为什么？
6. 政府实行社会福利制度，对政府而言有何好处？这一制度是否能由其他社会团体执行？
7. 富裕阶层有什么样的途径帮助贫困阶层？
8. 除了税收系统以外，还有什么样的方式能调整社会的财富分配？

组织分析性的话语

了解表达推论的语句

A. 找出下列句子中表达推论的语句，并用横线表示出来。

1. 假若城市的教育资源能够在不同学校之间公平分配，那么就不会出现重点校与普通校的区别。
2. 如果政府的政策鼓励私人汽车变成是最方便的交通工具，公共交通则会慢慢的被边缘化。
3. 世界各国的历史经验说明，弱势群体的问题倘若得不到妥善的解决，会引起许多社会问题，甚至会演变成为社会动乱之源。
4. 假如公立医院放弃了社会责任，会直逼人们的心理承受底线。
5. 异地教育若没有充分落实，民工随迁子女就不能在异地受教育，或不愿在异地接受非正规的教育。

组织假设

A. 阅读下文，了解征收奢侈品消费税的预期效果和实际效果的情况。

奢侈品消费税作为政府调节生产消费和社会财富再分配的手段，被世界各国广泛采用。在日本，甚至人们在餐馆吃饭超过一定标准后也必须交奢侈税，以避免人们大吃大喝。美国规定，对价格超过 3 万美元的汽车加征 10%的奢侈品税。瑞典的消费税一般是 20%至 25%左右，对政府不鼓励消费的一些商品，税后价格更可能翻几番。通过征收奢侈品消费税，不仅有利于实现财富的再分配，对合理消费也是一种积极的引导。随着中国改革的进行，中国计划对更多的奢侈品征收消费税。专家认为，高档消费品纳入消费税征收范围，势必会引起一些高档消费品价格上涨，厂家为了降低影响，很可能把上涨的价格转嫁到消费者身上，最后由消费者来买单。同时，由于中国本国高档消费品与国外相比本来可能就价格偏高，纳入消费税征收范围后，将进一步加剧一些高档产品购买力流向国外。

B. 使用下表中的结构来组织推论性语句，并用来回答关于的问题。

过去的条件	+	对过去情况的推论
• 如果某人当时知道有某种情况， • 如果过去某种情况确实发生过， • 如果人们当时把某件事做好，	→	• 则另一种情况就会出现了。 • 则另一种情况也确实发生过。 • 则另一件事也会做好。

你居住过的国家中，是否有征收奢侈品税的政策？

1. 如果有，那么在你看来，这一政策会带来哪些结果？你可不妨做出一个假设：假如政府事前就知道会带来这样的后果，其决定会否有所改变？
2. 如果没有，那么假如一年前这一国家开始实施这一政策，那么会带来什么样的结果？

练习辩论

A. 从以下选择一个角色，并使用在本单元所学到的 10 个以上语段进行角色扮演。

情景：某一重要的大城市政府官员正在为调整个人所得税起征点举行公开听证会，参加听证会的民众来自不同的社会阶层，企业的老板、公务员、低保户等都在场参与听证。

角色 A：政府官员，他通过征询公众意见以制定更好的政策，合理调整社会收入分配，缩小贫富差距。

角色 B：公务员，收入较高

角色 C：企业老板，收入富裕

角色 D：企业职工，收入普通

角色 E：低保户，收入低

听力

听前活动

A. 在听录音文本前，预测你将会听到的观点，并填写下列的表格。

我们认为政府应采取更有效的措施来加强对高收入人群的个税征收管理。	我们认为政府在调节贫富差距的同时应保障高收入人群应有的权利。
•	•
•	•
•	•
•	•
•	•
•	•
•	•
•	•

听时活动

A. **听录音了解大意：**根据所听到的录音文本，在上述表格中把录音中出现过的观点表示出来，并记下其他你没有想到的观点。

B. **听录音了解细节：**再听一次录音文本，在你所听到的观点前标注“强”或“弱”，并为较弱的观点提出建议，使其更有说服力。

听后活动

A. 你认为哪一方的观点更有说服力？请在回答时引用他们的观点以更好地说明问题。

B. 每场辩论都有结论部分，预测另一方将会提出什么样的结论。

提出观点的方式：口语

使用修辞技巧

A. 了解下列要点。

技巧要点 1 在第一章我们讨论到五个辩论要诀中的第一个策略：假设性问题。在第二章中，我们讨论了定义性策略。

在这一章，我们将集中讨论第三个策略：前因后果的问题。准备辩论时，我们必须弄清楚事情之间的因果关系。

B. 回顾文本中所强调过关于“因果”的生词或短语，找出你可以用于支持你方辩论的例子。例如，如果你认为重新分配财富是政府的责任，你可以使用文本中与因果有关的生词或短语指出政府未尽其责任对穷人进行帮助的后果。

列出五个支持你们一方观点的具有因果关系的例子。

1. ____________________
2. ____________________
3. ____________________
4. ____________________
5. ____________________

C. 在辩论中，你可以用这几个方面内容让你的论证更有力，或削弱对方的论证。例如，你可以提问或是回答以下问题：“鉴于人类的惰性，如果政府提供给穷人太多的帮助会造成什么样的情况？”

根据你列出的几个方面内容，写出你在辩论中可能会用到的五个句子或问题。

1. ____________________
2. ____________________
3. ____________________
4. ____________________
5. ____________________

D. 当你准备辩论时，你可以预估另一方会使用因果关系来支持他们的论证。你可以指出他们因果关系中的弱点或者后果，来加以反驳这些假设。举例来说，对方可能会争论重新分配财富的结果使得富裕的人选择不再去创造更多的财富，因为赚钱不容易，而回报很少，同时政府也“窃取”了他们的钱。你可以反驳指出，历史显示，社会分配制度需要保证中低收入阶层人们生活稳定，这样才能使得富人保持富有。

E. 复习课文然后列出五个对方可能会提出的主要因果关系，然后列出你会如何反驳这些假设。

1. ______________________________
2. ______________________________
3. ______________________________
4. ______________________________
5. ______________________________

F. 第一单元和第二单元的复习和运用：记得在前面的章节中，我们介绍了使用假设性的问题和使用定义性策略。使用本单元所提到的辩论策略来准备一些推测和定义的论点。准备辩论时，可以使用这些策略来支持或反对你的立场。在辩论过程中，你可以综合使用假设和定义性策略方法。

可以套用的句式

A. 下列是可以用来辩论的一些表述。复习这些语句，并将其用在你的口头和书面的议论中。

1. XX 坚信……
2. 虽然他们很少承认，XX 时常理所当然地认为……
3. 在讨论 XX 的时候，一个有争议的问题是……
4. 一方面，XX 表示……；另一方面，XX 却声称……
5. 尽管有些人相信……，其他人则认为……

如何应对问题

A. 在辩论中你也许会遇到信息不足够的情况，下列是此情况发生时可以使用的一些表述。

- 解决这个问题将需要进行进一步的研究。
- 目前我恐怕没有足够、完整的信息来给您一个满意的回答。
- 我相信我们需要去获得更详尽的数据来分析该问题，目前而言我没有掌握相关的数据
- 您的问题超出了我的专业领域，我恐怕无法回答您。

口头练习

A. 现在请你进行辩论。在辩论中使用到你准备的思路以及学习到的词汇、句式，但这些内容只能给你作为参考，你不能在辩论中照着念出来。

组织辩论：写作

构思内容

除了有力的论据来支持你的论点，在写作论文时应该让读者能够遵循你的思路。以下是构建文章的一些准则。

1. 开头
   a. 一篇有说服力的文章会在一开始就阐述问题和论点。
2. 主文
   a. 论文的主体由三到四个段落组成，主要目的是阐述论点和证据，以及建立论述。避免提出无证据支持的观点，应该提供可靠的证据来加强论点。
   b. 透过提出反方的论点，你能够预期读者可能存有的怀疑和反对意见。一个成功的反驳始于稍微的让步妥协，你可以以"有些人也许不同意……""这看起来似乎……"，以及"诚然……"等开头，接着提出简单和清晰的对立观点。
3. 一篇有说服力的议论文在结论部分会对论点进行总结并重申论文的主要观点。

A. 阅读以下议论文的样本，并写出大纲。

论文主题：____________________

反驳：____________________

论点 1：____________________

证据 1：____________________

论点 2：____________________

证据 2：____________________

论点 3：____________________

证据 3：____________________

结论：____________________

经济与环境：观点的阐述

政府应对社会的财富进行重新分配以减少贫富差距

中国古代道家经典《道德经》中有这样两句长久以来受到中国人高度认同的古老箴言："天之道，损有余而补不足；人之道，损不足而益有余。"这两句话的大概意思是：宇宙应然的法则应该是减损多余的来补充不足，而人的欲望贪婪无止尽，总是倾向于减损不足来增加多余的。中国人很早认识到，"天道"，即宇宙万物运行的应然法则，与"人道"（这里的"人道"并非现代语境下的 humanity），即人类基于自身欲望而产生的实然规则，之间有着天然的矛盾。《道德经》带给中国人的主要训诫，就是节制"人道"而归于"天道"，以期建立理想的社会形态。所以，即便在当代社会形态之下，政府对社会财富进行重新分配以减少贫富差距这样的观念对于中国人来说，在伦理层面和思维方式层面都不算是一个新鲜事物。

当代中国的财富积累是在近三十多年时间中爆炸式聚集起来的，这一点与当代发达国家的发展历程有显著的区别。比如英国的财富积累经历了海上争霸、工业革命、全球海外殖民，法国的财富积累则与太阳王路易十四和战争之神拿破仑扫荡全欧的武力征伐不无关系，美国的财富积累经历了悲壮的西进运动、波及世界范围的经济危机、以及在二十世纪两次世界大战中大发战争财，等等。可以明确地看到，当今世界的主要发达国家，其崛起、富强之路大多经历了一两百年甚至更长，在相对较长的发展过程之中，人们才得以有机会对社会政策进行反思。比如当今世界许多高福利国家，如北欧、西欧、北美等地区的一些国家，其高福利制度大多确立于惨烈的第二次世界大战之后，而二战本身就是国别、民族之间财富分配不公而导致的世界性人间惨剧。而对于刚刚从极度贫困走出的中国人来说，聚集财富远比分配财富更值得投入精力，所以近三十年间中国领导层提出了许多深入人心的著名口号，比如："发展才是硬道理"、"稳定压倒一切"，其中"发展"就是聚集财富，"稳定"就是动用一切包括行政、军事在内的集权力量保证财富聚集的过程不受到干扰。可以这样说，中国的财富分配问题，在过去的三十多年之中从属于财富聚集问题。以当下中国的国情来生硬对比业已完成财富聚集并在此基础上对分配方式进行了有效调整的发达国家显然有失公允。

尽管贫富差距在当下中国呈现出在数字上比较极端的差距，但仍应看到，中国目前的贫富差距拉大是在社会整体进步的基础上产生的，不是社会退步或社会危机的产物。中国绝大多数人口在最近三十年间的物质生活水平在不断提高而非退步，中国人的物质需求从温饱已经转移到更高层次，如住房、教育、医疗等等，关于这一点，任何客观的中国人都不会否认。希望任何行业、任何阶层都能够在社会转型时期像投机商人一样一夜暴富，这当然是不切实际的幻想。另一方面，资本的高度集中在某些领域，特别是基础建设领域起到了比较显著的聚合作用，使得中国的交通运输和城市化建设方面取得了突飞猛进的发展。

中国另一部古老的典籍《论语》中还有这样一句话："不患寡，患不均"。意思是作为国家的领导者，不用担心财富本身的稀少，而需要担心财富分配的相对不均匀。这是在生产力水平和物质财富水平比较低下的古代提出的治国观念，而在今天的社会状况下，维持社会良好运行和持续发展的潜力，则需要既患寡，且患不均。中国之前三十年的努力，在很大程度上破除了“寡”的困境，而目前面临的发展瓶颈，则是亟需解决的“不均”的问题。对于中国政治的顶层设计者而言，这绝仅仅不是一个关乎社会伦理道德的问题，而更具有现实层面的重大意义。首先，资本力量的进一步集中形成了新的政治势力，并且带来了利益阶级的固化。权贵资本凌驾于社会正常秩序之上，这是中国当下最主要的社会矛盾。第二，中国经济发展面临转型，迫切需要从劳动产业链条最低端的代加工产业转型进入更具技术含量和国际市场竞争力的领域。这个过程有赖人口素质的普遍提高，而人口素质的提高直接取决于民众综合生存环境的改善，其中财富是最重要的因素之一。

一个稳定、富足的现代社会，在经济阶层的分布上应该呈现纺锤形而非金字塔形，这是现代政治经济学理论的一般常识。中国要从狂飙突进式的爆炸发展模式平稳过渡到更加平稳、更具可持续发展的现代模式，就必须要对社会的财富进行重新分配，实现金字塔形经济阶层结构向纺锤形经济阶层结构的转变。这个转变过程的现实阻力在于，已经掌握资本资源的投机商人和权贵资本家，很多时候是凭借种种制度规则的缺失得以进行早期资本原始积累，他们难以接受将手中资本重新纳入到有序的制度规则之中。这就是民众常调侃的，他们不会轻易“把钱吐出来”。他们提出“贫富差距是个人造成的，每个人都应该自力更生创造财富”这样的论调，实际上刻意回避了创造财富背后的无序性。而在原始积累初步完成，社会秩序亟待完善加强的未来，个人的发展与社会规则之间关联将会愈加紧密。社会财富的重新分配是一种理论上的必然，而如何实际去破除利益集团的固守，则是留给中国领导阶层的一道现实难题。

B. 阅读下面讨论财富分配的文章，指出作者支持什么样的做法，反对什么样的做法，在哪些段落体现出来？

> 我认为不能依靠政府推动涨工资来解决国民收入差距问题，政府首先还是需要做好再分配领域的事情。最近经常看到政府要解决初次分配问题，其实在初次分配领域，工资主要由市场决定，政府代替不了市场。当然在最低工资标准过低的情况下，调整最低工资标准是有意义的，但是也要考虑工资上涨和就业的影响，由政府推动的工资上涨幅度过高将会减少就业，结果也会对收入分配造成不利影响。所以在这些方面政府的参与要适当，不能干预过度。在初次分配领域，政府面对的一个非常重要的课题是改善市场环境，推动法制建设，促进公平竞争，减少垄断，并解决好小企业发展面临的问题。这对改善初次分配状况有重大意义。
>
> 关键要搞清楚现在收入分配差距过大的问题出在哪儿？一方面是目前的社会保障遗漏了大量低收入人群，还有住房、医疗、教育等领域的

公共服务存在不到位和分配不合理现象，例如大量农民工的社会保障、在城市安家落户长期没有解决，这是再分配领域的问题。政府需要集中精力解决这些问题，完善社会保障和公共服务，这些问题对收入分配的影响很大，而不要把注意力都放到涨工资上。

再一方面就是分配不公问题，包括腐败和公共资金流失，资本市场、土地市场收益、垄断部门和自然资源收益的不合理分配问题，这些收益大量通过不合理途径流入少数人手里，通常与权力的参与相关，可以说是权力资本化严重扭曲了收入分配。这里的情况比较复杂，可能其中有些属于初次分配问题，有些属于再分配问题。对这些问题，需要健全法制、推动政府管理体制改革和财税体制改革，限制权力滥用，健全阳光下的要素市场，才能解决分配不公问题。

写一篇说明你的立场的文章

A. 请围绕“财富重新分配与自力更生”话题，写一篇说明你的立场的议论文，文章大约包含5–6段，记得在文章中使用你所学到的词语。

自我评价

自我评量

A. 回想一下到目前为止所做的练习，依据下面的评量表回答下列问题并为自己评分。

1. 我已经准备好了这个辩论题目
2. 这个辩论题目激发了我的兴趣
3. 我花了很多时间和努力来准备这辩论题目

1	2	3	4	5	6
完全同意	同意	有点同意	有点不同意	不同意	完全不同意

B. 如果你的答案大部分在红区，你能做些什么移动到蓝色区？如果你大部分的答案在蓝区，你能做些什么留在该区？

____
____
____
____

生词复习

从在本章你所学过的生词中，选出你觉得在辩论时最有用的十个生词。

1. ____
2. ____
3. ____
4. ____
5. ____
6. ____
7. ____
8. ____
9. ____
10. ____

单元
4

人口自由迁徙

机遇与挑战

(Credit: Ming-Han Yang)

阅读前导活动

阅读前导活动

A. 阅读下图国家统计局对流动人口的统计报告，请从所列出的省份中找出流入人口比例和流出人口比例较多的两个省份，分析其人口流动的原因，并与你的同学交换意见。

省份：

流动人口比例高的可能原因：

1. 收入高
2. ______
3. ______
4. ______
5. ______

全国流动人口过 1.2 亿

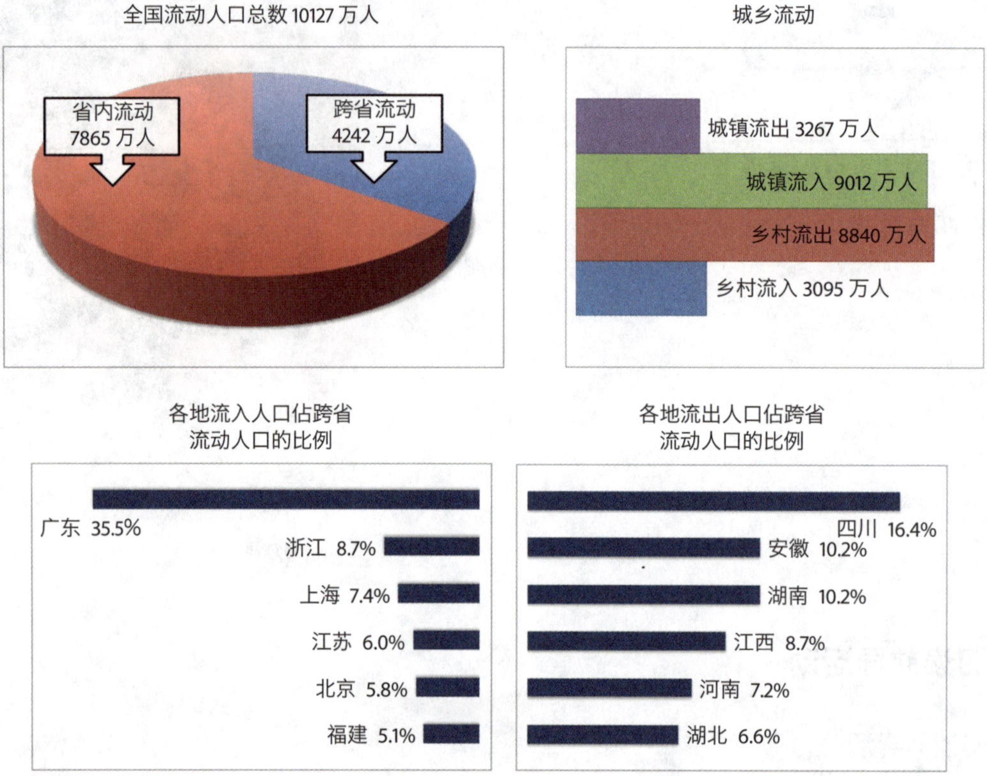

资料来源：国家统计局

B. 阅读下面与流动人口问题相关的两个衍生现象的解释，请谈谈在你们国家是否存在这种现象。

文化注释 1

留守儿童：是指由于父母一方或双方外出打工而被留在家乡或寄养在（外）祖父母、亲戚家，长期与父母分开居住和生活的儿童。因为缺少父母的关注与呵护而导致留守儿童出现孤僻内向、情绪消极等心理问题，以及在成长过程中出现各种行为偏差的现象。

空巢老人：是指子女不在身边，无法得到子女照顾而孤独地生活的老人。这些老人生活无人照料、病痛不能治疗、烦闷得不到疏解，生存现象使人担忧。

C. 阅读下面的语言注释 1，总结标题“人口自由迁徙：机遇与挑战？遇说明人口自由迁徙对社会带来的正面和负面影响？

语言注释 1

机遇是指对人或事物有益、使人满意的机会。

挑战是指对人或事物有害、不利的因素。

D. 分析本课标题，列出课文中可能出现的议题。

1. 人口流动管理制度
2. ______________________________
3. ______________________________

勾勒思路图

A. 激发你的灵感，当谈到个人发展与学业问题时，你会想到哪些词，越多越好。整理你的思路，填写下列图表，勾勒两张思路图。读完课文后，你可以加入更多的信息，现在若无法填写，可以先留空。

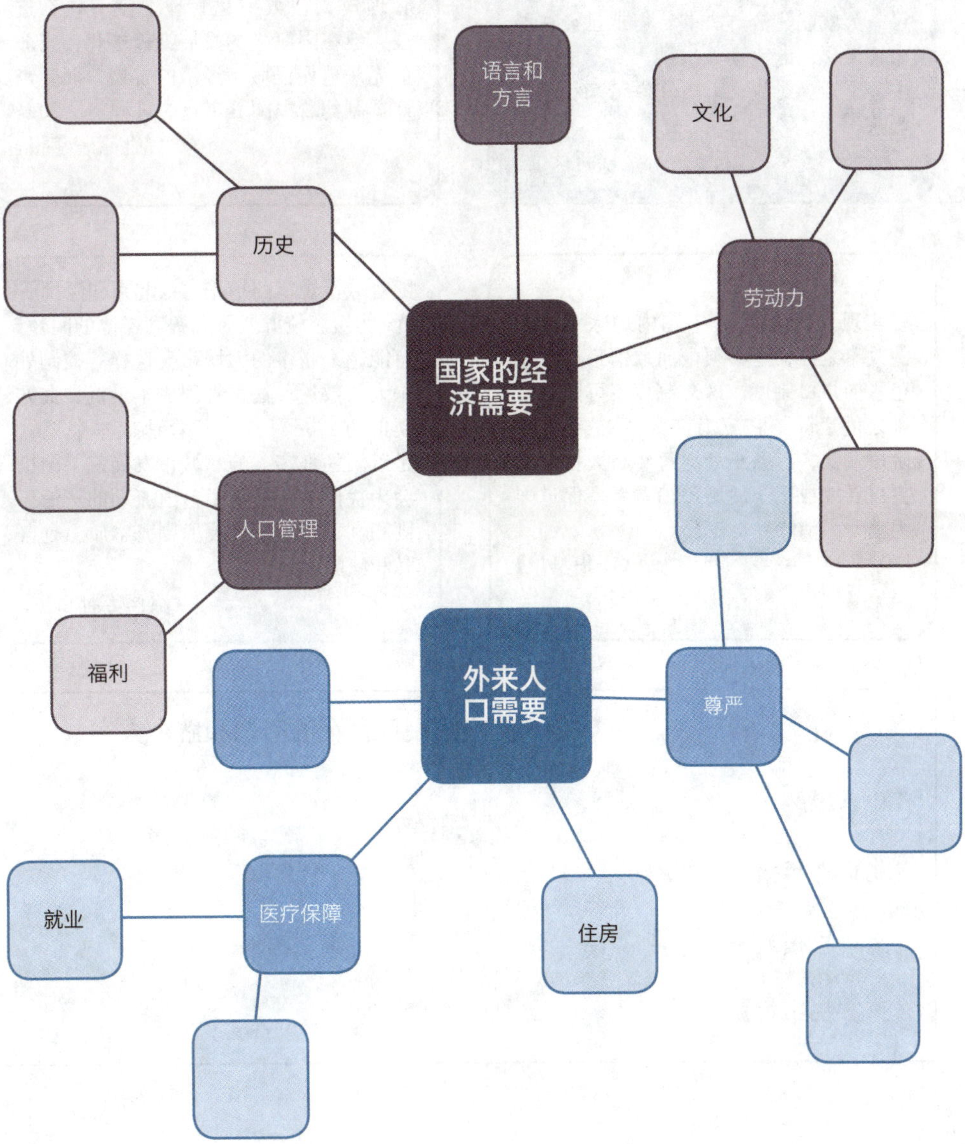

B. 比较你和同学的思路图以激发更多的灵感。完成两张思路图后，看看什么样的话题能把两张图联系起来。也就是说，什么样的话题与人口迁徙和经济都有联系？

讨论现象与观点

A. 阅读下列报刊中关于户籍制度的观点，请分别指出不同报纸对于户籍制度存在的问题和解决方案所提出的观点。

流动人口是一个富有活力的群体。任何一个国家的一流城市都离不开流动人口。流动人口的问题，比如户籍，不是说一天就能完全解决的。但把已经在城市长期居住的流动人口纳入到户籍体系中，无疑会对流动人口问题带来积极的影响。

《新京报》

二元结构的户籍管理制度已经失去了其在设立时的社会经济基础，原有的户籍管理模式在数字化管理上没有什么进展，但在限制人的发展上极端化，它非但无法再保证城市经济的发展，而且也严重制约着中国城市化的进程。

《北京青年报》

要实现"城市梦"，中国内地除了近来的改革之外，还必须全面取消带有歧视色彩的户口制度。这套制度不可能在一夜之间废除。它应当在大约 15 年内分阶段淘汰，有条不紊地每年将大批流动人口转变成下一波城市消费者，促进国内消费，消除社会不公。

《南华早报》

随着城市规模的扩张，像北京和深圳一样，为缓解资源紧张和福利摊薄的问题，可能越来越多的大城市会选择"控制外来人口数量"这种管理成本最低、最方便的方式，可这种"管理成本最低"，是以堵住许多人分享城市发展成果的机会为代价的，损害了自由流动的法治原则和利益共享的发展原则，本质上是自私和狭隘的。

《南方都市报》

	户籍制度存在的问题和解决方案
《新京报》	
《北京青年报》	
《南华早报》	
《南方都市报》	

了解这一话题

重点阅读

A. 在阅读"人口自由迁徙：增值或贬值"的同时，在下表中列出辩论双方的观点。

支持和欢迎外来人口	反对和不欢迎外来人口
•	•
•	•
•	•
•	•
•	•
•	•
•	•
•	•
•	•

B. 当你听播客 4 时，请注意你在文章中不熟悉的生词的发音。

人口自由迁徙：机遇与挑战——当代中国社会变迁的视角

2014 年 7 月 30 日，中国政府正式出台《关于进一步推进户籍制度改革的意见》，明确建立城乡统一的户口登记制度，取消农业户口与非农业户口的性质区分。[1] 所有中国家庭，无论是在城市还是在农村统一登记为"中国居民"户口。这一政策意义重大，因为它标志着，自 1958 年开始实施的《户口登记条例》确立的城市和农村二元户籍制度正式废止，实行了半个多世纪的城乡二元户籍管理制度退出了历史舞台。从现在开始，在中国无论城市人口还是农村人口，至少从身份上实现了统一——自此只有居民之称，中国人再无"农民"和"非农民"的身份区别，这是 2014 年这次户籍制度改革取得的实质性突破。这其中，最重要的突破就是中国公民自由迁徙的权利得到了前所未有的认可。也就是说，被严格限制的农村居民可自由地向城市迁徙、居住和就业，因为身份上已经没有了任何限制。城市居民的迁徙流动自由也大大加强了。

这普遍被认为是一种历史进步，因为在相当长的一个时期内，中国人被“户口”口牢牢地绑定在自己的生活所在地。农村人不能自由地往城市迁徙，城市居民也不能自由地迁徙到其它的城市，前文所述的《户口登记条例》对公民的居住、迁徙做了严格的限定。比如它的第六条：“公民应当在经常居住的地方登记为常住人口，一个公民只能在一个地方登记为常住人口。”这条规定意味着，公民只能居住在一个地方，不可以同时拥有两个以上的固定、持久的居住地。它还制定了严格的人口迁徙的规定。比如它的第九条：“公民由农村迁往城市，必须持有城市劳动部门的录用证明，学校的录取证明，或者城市户口登记机关的准予迁入的证明，向常住地户口登记机关申请办理迁出手续。”也就是说，城市有权拒绝农村人口的迁入。可以说，从建国到 1978 年的改革开放，中国人是没有自由迁徙的权利的。民众生活在哪里，可以到哪里去，都是被固定好的，是否迁徙只能由政府决定。

缺乏迁徙自由会严重阻碍人们对幸福的追求，有的时候还会酿成灾难。可以说，改革开放之前，中国对人口自由流动的限制严重影响了人们的生活质量。在城市，人们一般会被固定在一个住处以及一个工作岗位上，不能轻易地转换工作。那个时候的人们也谈不上什么旅游。因为如果离开居住地，就必须由自己所在的单位开具“说明自己身份以及外出理由的介绍信”，方能在另外的城市住宿。农民被限制得更为严厉，这种限制有的时候还会酿成灾难。比如，1958 另外的城市住年是中国历史著名的“三年困难时期”，这一时期中国大陆地区由于“大跃进”运动以及牺牲农业发展工业的政策所导致的全国性的粮食短缺和饥荒。很多农民饿死，其中原因之一则是很多地区的政府机构禁止农民离开家乡外出寻找生路，这大大加剧了灾区饿死人的程度。虽事后政府做了各种补救工作，但悲剧业已酿成。

一般认为，人们追求幸福的渴望是不可遏制的。当人们知道可能有更幸福的地方存在的时候，就会利用各种办法迁徙而去，这是任何管制无法控制的。这样的例子也是很多的。比如，从 1950 年代初到 1970 年代末，近百万内地居民出于种种原因从广东偷渡到香港，形成了先后 5 次的逃港高潮。其中一个最重要的原因是，当时香港的经济水平和生活水平大大高于内地。正如《大逃港》的作者陈秉安对这一原因形象的描述：“(逃港的原因) 主要是经济的。那时生活太苦了嘛。河[2] 那边，可以“喝早茶”,[3] 能用电视机、洗衣机了;河这边，还在啃红薯咸菜，咋不跑？”据统计，当时深圳宝安县一个农民劳动日的收入为 0.70 到 1.20 元，而香港农民劳动一日收入为 60–70 港币，两者差距悬殊近 100 倍，于是在广东各地普遍流传着“内地劳动一个月，不如香港干一天”的说法。香港因此对内地居民形成了巨大的吸引力，以至于大家冒着被拘捕坐牢，甚至被当时的中港军人和警察开枪击毙的危险，偷越国境线进入香港。尤其是 1979 年 5 月 6 日最后一次逃港潮，当时来自广东省惠阳、东莞、宝安 80 多个乡镇的 7 万群众，像数十条洪流，黑压压涌向深圳，两个海防前哨很快就被人潮吞噬，驻守边关的军警也无可奈何。从某种意义上说，此事直接催生了中国建设经济特区政策的出台。据当事人回忆，当邓小平得知大逃港事件发生的时候，做出的判断不是人民要背弃自己的祖国，而是“生产生活搞好了，才可以解决逃港问题。逃港，主要是生活不好，差距太大”，“这是我们的政策有问题，此事不是部队管得了的”，而当时的广东省省长习仲勋则直截了当地说“要把我们内地建设好，让他们跑来我们这边才好。”[4] 正是因为如此，深圳特区顺理成章地成立，经济飞速发展，“逃港风”骤然停止。更值得深思的是，深圳特区的建立也是得益于人口自由迁徙。

1980 年深圳设立经济特区后，由于人口迁徙政策的调整，不断有全国各地的优秀人才进入深圳。深圳采取的办法是发给外来人口“暂住证”，“暂住证”这个概念这个词据说为深圳首创，是深圳移民文化的一个标志性符号，它让初到深圳的外来人口拥有了暂时居住的权利和一个身份，在这个身份下，人们可以在深圳自由地工作。这个小小的证件突破了既有的户口制度对人自由迁徙的限制，使得深圳迅速成为全国的人才高地，大量的外来人口成就了深圳辉煌的事业，一系列赫赫有名公司都是由来外地人到深圳成立的：自重庆的任正非创办了国际上赫赫有名的华为公司；家在陕西西安，毕业于福建南昌的侯为贵创办了中兴公司；广东汕头人马化腾建立了腾讯公司。他们或是从军队退役之后自主创业，或是从大学毕业后辗转来到深圳开办自己的公司，总之，他们都是自己为自己做主，自由地选择了自己工作和生活的地方。

更多的例子是普通人在深圳的梦想成真。2000 年 4 月，19 岁的海南男孩陈楚生来到深圳，在一家小饭馆送外卖。他因为喜欢唱歌，所以他还辗转在深圳大大小小的酒吧、歌厅唱歌，希望有一天成就自己的音乐梦想。而这一天终于来临，2007 年，他成为选秀节目“快乐男声”[5] 的全国总冠军，当他弹唱着自己作曲作词的那首歌《有没有人告诉你》时，无数人潸然泪下。陈楚生迅速成为全国注明的歌手。陈楚生只是千万个到深圳的追梦者之一，这些人不管是老一辈的工程兵、教师、企业家，还是新生代的流浪歌手、流水线工人、公司白领，他们有的已经成为传奇，有的还在继续打拼。而这一切，都和“迁徙自由”如此紧密地联系在了一起。

全国各地的人才云集深圳，深圳的人口也迅速增长，这让深圳这个城市的活力也大大增加。2000 年中国第五次全国人口普查显示，深圳市总人口 700.9 万，其中户籍人口 124.9 万，外来人口 577 万，占总人口的 82.1%。而到了 2010 年第六次人口普查的时候，在深圳 1035.79 万常住人口中，约有 798 万人是非户籍人口，依然占到占常住总人口的 77%。可见，深圳基本上成为一个由外来人口主导的城市了。这种状态保证了深圳能出现较高的人口素质，原因很简单，一个人如果不够优秀，他可能根本无法在深圳立足，因为不断有更优秀的外地人涌进来参与竞争。这种人口结构是深圳市由一个小镇成为一个重要的工业商贸和旅游城市的根本原因。正如中国的那句古话，——“树挪死，人挪活”，对于一个人来说，迁徙次数越多、越频繁，那么他见的世面就越大，而且也说明他的能力越强。而深圳的例子则从城市和地区发展的角度告诉我们，一个地方只有鼓励人口自由迁徙，才能吸引优秀的人才加入自己，自己这个地方也会便得越来越好。

今天中国的所有发达的大城市（包括深圳在内），无论是上海、北京，还是杭州、广州，都执行非常灵活的人才政策，同时也是外地人云集的地方——这正是改革开放的一个重大功绩。关于上海的一个说法或能充分说明这个问题：就语言来看，上海的中心地带流行的是英语，往外一层流行的是普通话，最外一层、也就是上海的边缘地区，流行的才是上海话。这即说明，作为中国最大、最繁华的城市，作为亚洲重要的金融中心、贸易中心和世界级的港口，上海最核心区域的人口是从世界各地迁徙而来（说英语）的人口，而从这个核心往外一层的人口则是从中国各地迁徙过来（说普通话）的人口，最外围即接近郊区的地方才是上海本地人聚居区（说上海话）。当然，这种说法并未得到权威认证，但基本符合大多数人对上海的感觉。这说明，成就上海的繁荣，外来人口是非常重要的因素。

但在中国，人口迁徙也带来了一系列让人意想不到的问题，这使得中国不可能执行诸如美国那样开放的人口自由迁徙的政策。也是这些问题，导致一直有声音反对在中国执行宽松的移民政策。

第一个问题是迁徙会造成中国人的家庭成员的彼此分离，这进而会带来很多社会问题、感情问题和伦理问题。

中国人在迁徙和移民问题上的一种不纯粹的态度，就是不是整个家庭的迁徙，而是成年男性（父亲、成年儿子）的个人迁徙。由于悠久的历史传统，中华民族在道德上是不主张人口迁徙的，即“安土重迁”[6]的传统。除非一些极端的情况会家庭整体搬迁——比如发生了严重的饥荒，如果不离开这块土地，所有人都要饿死。一般情况下，中国人会采取一种折中的方式进行人口的迁徙，即在一个家庭中由成年男人（父亲或已经成年的儿子）外出寻找更多的发展机会，妇女、老人和未成年的儿童则都留在家里。如果父亲们在外面奋斗成功，一般情况下他们会回到自己的故乡，这即所谓的“衣锦还乡”，他们会用自己在外面挣得的财富在家乡盖房子、购买土地，过更好的生活。这是和西方完全不同的迁徙文化。比如，当美洲大陆被发现，欧洲人迁往美洲往往是举家搬迁，很少有人会想在美洲挣一笔钱再回欧洲。

很多例子可以证明中国人“迁徙热情不足”的文化，比如“下南洋”。所谓“南洋”是早年对东南亚一带的称呼，其地理区域包括马来群岛、菲律宾群岛、印度尼西亚群岛，也包括中南半岛沿海、马来半岛等地。大概从汉朝开始，中国人就有了下南洋谋生的传统，到了明清时期，“下南洋”形成了巨大潮流。尤其是广东、福建等地的居民，有的时候是为了躲避战乱，更多的时候是因为生活，为了获取更多的生活资源，大量的华人开始涌入东南亚等南洋地区。从这个角度上说，中国人下南洋有近 2000 年的历史。但是，在这么漫长的历史中，中国人从来没有想过在南洋成立一个国家。其背后一个非常重要的原因就是，大量的中国人开始并未想过在南洋安家落户，进而把南洋变成自己新的故乡。因此也没有将整个家庭搬到南洋的长远计划，很多人想的就是努力奋斗，进而挣到钱后还要返回自己的故乡。这还是一种外出务工的心态，而非移民的心态。

这种心态今天在中国依旧有广大的市场。比如，改革开放以来中国农民大量涌入城市工作。很多农民的初衷并非是要到城市生活，即变成城市人，而是到城市挣钱之后回家娶妻、盖房、生子，然后用从城里挣到的钱在农村重新开创自己的事业。农民工对中国改革开放起到了积极的作用，他们承担了很多城市人不愿意从事的工作。农民工还解决了中国腾飞过程中的廉价劳动力的问题，是所谓“中国制造”风靡世界的坚定基础。[7] 但也引发了很多问题。比如，农业生产的问题；在很多农村，由于家里的男性劳动力都去城市打工，留下从事农业生产的只有老人和妇女，这一方面影响了农业生产的效率和质量，另一方面过于繁重的农业劳作对于老人和妇女的健康来说也是不利的。还有更严重的问题，即留守儿童问题。留守儿童，是指父母双方外出到外地打工，而自己留在农村生活的孩子们。他们一般与自己的隔辈亲人，甚至父母亲的其他亲戚、朋友一起生活。留守的少年儿童正处于成长发育的关键时期，他们无法享受到父母在思想认识及价值观念上的引导和帮助，成长中缺少了父母情感上的关心和呵护，极易产生认识、价值上的偏离和个性、心理发展的异常，一些人甚至会因此而走上犯罪道路。至于夫妻常年分居引发的家庭和情感的问题就更加普遍了。

也许人们会说，农村父母到城市里工作把孩子带上不就行了吗？或者，干脆改变政策，农村家庭整体搬迁到城市里不就行了吗？问题没有这么简单，这引出第二个问题，即发达地区、尤其是发达的大城市对外来人口的接纳问题。

人口迁徙的规律则是人们倾向于从差的地方往好的地方移民，而不是相反。从整体上来看，中国还是一个发展不均衡的国家，如此带来的一个问题就是，越是发达的地区，各种资源越是集中，导致这些地区虽然发展很快，但因为资源和人口的过度集中，以至于社会承载力不足。最典型的表现就是人口过度涌入导致的“都市病”，在中国，尤以北京、上海两地为甚，而这两个地方是中国人最渴望移民进入的中国大城市，我们仅以北京为例。

北京早已被“都市病”拖得不堪重负，而其中最主要的因素就是人口数量和城市环境之间的矛盾。交通拥堵、垃圾治理等问题日益加剧。据统计，2010年北京市常住人口已经接近2000万，远远超过国务院批复的城市总体规划中设定的到2020年达到1800万人口的标准，并还在以每年50万人，几乎相当于一个中等城市的速度增长。而且到了2014年已达到2070万。而北京城区面积只有490平方公里，远远小于首尔、东京和纽约等世界其它大城市，但人口要比它们多得多。北京的“都市病”已经到了非治不可的地步。例如，虽然因为北京作为国家首都，具有被优先照顾的特殊性，中央一直全力保障北京的水源供应，但北京市缺水已经到了触目惊心的地步了。根据北京市水务局提供的材料，随着经济社会的快速发展和近年来干旱加剧，北京人均占有水资源量已由上世纪末的不足300立方米下降到目前的150立方米左右，水资源紧缺已经成为制约城市发展的主要瓶颈。近10年来，北京市年缺水量达到15亿立方米，[8] 这种缺乏甚至超过了很多非洲干旱国家，说北京是世界上最缺水的城市也是不为过的。其次是交通，北京的交通拥堵已经到了令人发指的地步，每到高峰时期，公路就像是一个巨大的停车场，长龙一样的车队，只能慢慢的挪动。发达的地铁系统同样拥堵不堪，导致一些人流汇聚的地铁站必须采取限制乘车人数的方式。每到这个时候，乘客们只能默默地排队等在车站外面，等着车站里人少了之后再逐次进站乘车。为了能够准时上班，很多北京人必须提前 2~3 小时离开家门，下班回家所消耗的时间也一样，如此浪费了大量的时间成本。再次是住房紧张；北京房价之高，在全国是首屈一指的，2014 年 8 月，北京的平均房价已经超过了 30000 元 / 平方米，而按照目前北京市家庭收入水平，一个家庭要 13 年的收入才能买一套房子，[9] 这还是在一个家庭没有任何其它支出的情况下。

还有环境污染，这个就更加显而易见了。北京是中国雾霾最严重的大城市，据英国《金融时报》的报道，在 2013 年 1 月中旬，北京空气中微粒浓度超过美国最新健康安全标准 75 倍。[10] 每到这种时候，一层浓密的有害气体连续数天笼罩着北京，遮住太阳，妨碍交通，市民被告知尽量不要外出，并避免从事重体力活动，以尽量减少人们吸入的有害烟雾。人们也怨声载道，但无可奈何。雾霾的形成原因虽至今仍有争议，但汽车尾气、工业废气、生活垃圾、建筑扬尘等人类活动是大家普遍认可的雾霾源头。换言之，人越多，雾霾就越多。

此时，一个悖论就出现了。在中国，究竟要鼓励人们自由迁徙，还是要设置一定的迁徙障碍呢，尤其是针对发达地区的大城市的迁徙障碍？如前所述，限制人口迁徙，会导致一个地区的发展丧失活力，没有外来人口的进入，一个地区是无法发展起来的；但如果放开人口迁徙政策，任由人们自由流动，那么以中国目前贫富不均、发展状态不均的情况，必然是大量的人涌入北京、上海这样的大城市，大量的人口涌入东部发达地区，势必造成这些地区严重的人口压力、土地压力、资源压力、环境压力，进而让整个环境变得非常糟糕。那么，下一步究竟该怎么办呢？

附录

1. 从 1950 年开始，中国政府逐渐开始实施严格的“二元户口”的制度，即按居住地将全国人口的身份分为“城镇户口”和“农村户口”两部分，同时严格限制人口迁徙，不仅拥有农村户口的人很难向城镇迁徙，同时不同城市之间的人口自由迁徙也被严格限制。因此，民众的自由迁徙几乎没有。1980 年代之前，中国社会大规模的人口迁徙大多由政府主导完成，其中最著名的有两个：一是为了和美苏同时军事对抗，中国政府将大量的军工企业和重工业搬迁至中国内地的深山丛林中，即所谓的中国三线地区，这就是著名的“大三线工程”建设，为此，国家从沿海发达地区迁徙了大量的工程技术人员进入内地（参阅：“不为人知的超级工程（大三线工程）” http://www.360doc.com/content/13/1212/11/653532_336541828.shtml）；二是文革期间，为缓解城市压力政府，毛泽东号召年轻人“上山下乡”（参阅：http://baike.baidu.com/view/24902.htm?fr=aladdin），奔赴农村，也造就了大规模的青年人的人口迁徙。
2. 是指深圳河，即深圳与香港之间的界河。
3. “喝早茶”是广东人最重要的生活方式和传统文化。一般情况是，人们早晨起来，买一份报纸，轻轻松松地走进茶楼，要一壶茶，买两样小点心和配菜，边吃边看。或者约一两个好友，叫几样点心，边吃边聊。茶水、点心和配菜都非常讲究。
4. 参阅刘火雄：震动中央的“大逃港”风潮，引自腾讯评论 http://view.news.qq.com/a/20140820/015282.htm?pgv_ref=aio2012&ptlang=2052。
5. “快乐男声”，简称快男，是湖南卫视与天娱传媒于 2007 年起举办的大众歌手原创偶像选秀赛，参赛者必须是年满 18 周岁的男性。
6. 指在一个地方住习惯了，不愿轻易搬迁；形容留恋故乡。这尤其是中国农民的传统习俗。中国史书《汉书》将其视为人的本性，即“安土重迁，黎民之性；骨肉相附，人情所愿也。”

翻译成白话的意思就是在自己生活的这片土地上居住喜欢了，不愿意随便搬迁，这是普通人自然的本性。亲人和朋友要密切地居住在一起，这是人的感情所喜欢的。

7. 很多学者将其理解为中国经济发展过程中的所谓“人口红利”，“人口红利”是指一个国家的劳动年龄人口占总人口比重较大，抚养率比较低，为经济发展创造了有利的人口条件，整个国家的经济呈高储蓄、高投资和高增长的局面。中国被认为从改革开放开始就正式享受人口红利，尤其是制造业的崛起(成就所谓“中国制造”的奇迹）得益于大量的廉价劳动人口涌进工厂从事基础的制造业的劳动，他们当中大多数是来自中国农村。
8. 参阅“中国新闻网”：http://www.chinanews.com/sh/2013/08-21/5188427.shtml。
9. http://www.yinhang.com/a_2012_0307_69866.html。
10. 参阅 FT 中文网：“分析：北京雾霾”，http://www.ftchinese.com/story/001048479。

阅读理解

A. 根据课文内容，指出下列说法是否正确，并把错误的改正过来。

1. ______ 户口制度取消后，农民可自由地向城市迁徙、居住和就业，这一政策受到农民和城市居民的欢迎。
2. ______ 在相当长的一段时期内，“户口”制度使中国人只能一直在自己的生活所在地，无论农村人还是城市居民都不能自由地迁徙到别的城市。
3. ______ 深圳的成功例子说明，只有防止偷渡外逃现象，才能吸引人才，使该城市城市和地区有所发展。
4. ______ 中国传统上不主张人口迁徙，因此如果政府允许人们自由迁徙，会造成中国人的家庭成员的彼此分离。
5. ______ 因为许多农民到城市打工，他们的孩子成为留守儿童，在成长过程中产生不少个性和情感等方面的问题。
6. ______ 因为资源和人口过度集中，容纳了大量外地人口的大城市社会承载力不足，导致患有都市病。
7. ______ 由于人口数量大量增加，而城市资源有限，使城市出现交通拥堵、垃圾治理等问题，但政府在这种情况下，仍能保障城市常态安全运行。
8. ______ 北京由于住房紧张、交通拥挤而引起水资源紧缺的问题，但获得国家的有限照顾，因而不存在缺水的问题。
9. ______ 雾霾等环境污染严重影响了城市居民的生活质量，而外来人口过多是导致这一问题出现的最大原因。
10. ______ 限制人口迁徙，会导致一个地区的发展丧失活力，但能够有效避免地区发展不均、环境压力等问题，因此有必要继续推行该措施。

掌握词汇

词汇搭配

人口迁徙和国土领域	普通领域
1. 地区差异 Dìqū chāyì	1. 占用很大的资料 Zhànyòng hěn dà de zīliào
2. 人口普查 Rénkǒu pǔchá	2. 自由主义政策 Zìyóu zhǔyì zhèngcè
3. 文化多样性 Wénhuà duōyàng xìng	3. 保护主义政策 Bǎohù zhǔyì zhèngcè
4. 人口密度 Rénkǒu mìdù	4. 舆论效应 Yúlùn xiàoyìng
5. 无证人员 Wú zhèng rényuán	5. 具争议性的话题 Jù zhēngyì xìng de huàtí
6. 适应新的文化 Shìyìng xīn de wénhuà	6. 对……持怀疑的态度 Duì . . . chí huáiyí de tàidù
7. 接纳新的价值观 Jiēnà xīn de jiàzhíguān	7. 禁止实行 Jìnzhǐ shíxíng
8. 户籍制度 Hùjí zhìdù	8. 保持联系 Bǎochí liánxì
9. 离家背井 Lí jiā bèi jǐng	9. 付诸实行 Fù zhū shíxíng
10. 和平共处 Hépíng gòngchǔ	10. 制定政策 Zhìdìng zhèngcè
11. 外地人口管理问题 Wàidì rénkǒu guǎnlǐ wèntí	11. 公众咨询 Gōngzhòng zīxún
12. 获得居住权 Huòdé jūzhù quán	12. 为……提供就业机会 Wèi . . . tígōng jiùyè jīhuì
13. 保存传统文化价值 Bǎocún chuántǒng wénhuà jiàzhí	13. 质疑……的必要性 Zhíyí . . . de bìyào xìng
14. 抗拒外来文化 Kàngjù wàilái wénhuà	14. 影响……的传统价值 Yǐngxiǎng . . . de chuántǒng jiàzhí
15. 限制外来人口 Xiànzhì wàilái rénkǒu	15. 碰运气 Pèng yùnqì

拓展词汇

A. 使用上面的词汇搭配，完成阅读前导活动中的思路图。你可以加入一些新的文本框和词语。

B. 为下表左边的词语选择最正确的搭配，到“北京大学 CCL 语料库检索系统”（点击“汉英双语语料库”，选择“高级查询”；也可以直接输入网页地址 http://ccl.pku.edu.cn:8080/ccl_corpus/advance_search.htm 进入）把生词及其可能搭配的词语输入在两个空白，然后选择“有序相距小于等于”选项并在后面空格填写多少字（例如：30）。然后点击“Search”。（你也可以试试中央研究院现代汉语平衡语料库 http://www.sinica.edu.tw/SinicaCorpus。

北京大学语料库

人口迁徙	相应的搭配词		
1. 户口	a. 不合法	b. 改革	c. 政策
2. 居民			
3. 人口			
4. 自由			
5. 多样性			
6. 立法			
7. 保障			
8. 文化			
9. 同化			
10. 机会			

C. 在 B 表中选出关于人口迁徙的五个生词。使用这五个单词和它们对应的搭配词各造一个句子，以说明中国的户口政策要求人们在某地居住需要获得当地的户口，否则无法享受教育、医疗等福利的优缺点。

1. ______________________________
2. ______________________________
3. ______________________________
4. ______________________________
5. ______________________________

D. 使用下面的词库来完成以下关于流动人口“盆地效应”的文章。

词汇库			
增长	集中	流动	限制
接纳	稳定	承受	适应
对策	过度	资源	吸引

一些大城市所以会产生吸引流动人口的“盆地效应”，关键在于大城市在经济、文化、医疗、教育、公共设施等各种社会资源方面具有明显优势，进而对流动人口形成了强大的吸引力。一些流动人口到大城市后，观念在逐步发生变化，他们越来越______地生活，许多人改变了以往“打工”、“流动”的心态，融入大城市的愿望越来越强烈。一些大城市流动人口过度______，给这些城市带来诸多问题：导致了社会______紧张。但大城市在______大量流动人口的同时，也使一些城市教育、医疗、土地、水资等社会资源难以______。北京市未来自有水资源供水能力约为 35.6 亿至 37.1 亿立方米，而以现在人口______趋势，未来十年内，人均水资源量将低于国际上公认的 300 立方米底线；加重了城市环境污染。据欧洲太空总署公布的卫星数据曾显示，北京汽车废气污染一度居世界之最，是“全球最大的汽车废气污染沉积中心”，而北京市公安局有关人士则感慨地说，“现在北京的大街快成了全国最大的停车场了”；增加了社会______压力。如何化解大城市______流动人口的“盆地效应”？多位专家学者提出了三条______：一是通过经济和行政手段，适当______大城市人口的无限流入，着力发展中等城市和小城镇的人口吸纳力，引导农村劳动力就地就近______，促进流动人口合理转移，避免______集中到大城市。

E. 与同学讨论，什么是大城市的“盆地效应”。

F. 阅读语言点一中两个容易混淆的动词：“适应”和“接受”的定义，并学习这两个生词在句子中的使用方式。

语言注释 2	
适应	接受
定义：当你适应了一个新的情况，表示你改变你的想法或行为，以成功地配合这个新的情况。	定义：如果你接受某事，表示你赞同它、认为它是可行的、成功的，不介意其存在。
例如：在未来，世界将会变得不一样，我们必须作好准备，适应变化。	例子：那个学生以积极的态度来接受新环境对他的挑战。

A. 请为下列句子找出适当的词语。

1. 他们一家搬到乡下后，花了很长一段时间（适应 / 接受）当地的气候和环境。
2. 相对而言，年轻人更容易（适应 / 接受）新的科技产品，因为他们更愿意尝试新的事物。
3. 政府正在不同领域推行大面积的变革，各地政府都在努力（适应 / 接受）这些改变。
4. 刚到一个新的国家，难免会不太（适应 / 接受）当地的文化、饮食等方面。
5. 如果（适应 / 接受）我们所开出的要求和条件，那么我们可以进一步谈谈合作的事。

了解词汇意义

A. 使用适当的词语重说下列的句子。

1. 那个学生不愿意为了适应学校环境而放弃她的回教传统。
   那个学生拒绝被同化，因为她十分珍惜她的回教传统。
2. 每年，该城市有越来越多从外地来的人。
   ______
3. 尽管要获得城市户口并不是一件容易的事，但他还是想尽办法去得到。
   ______
4. 进入一个国家时，工作人员会检查护照和签证来确保每个人持有符合出入境制度的文件。
   ______
5. 有些人相信大量流动人口只会对经济带来好处，却忽视了流动人口带来的负面影响。
   ______
6. 你的孩子无法跟你一起移居城市，他们只能留在农村生活。
   ______

7. 政府将颁布一个新的规定以开放农村和城市居民居住地限制的政策。

___

8. 深圳等城市的经济发展依赖于农民工廉价的付出和努力。

___

B. 用讨论人口迁徙及政府相关政策的常用词汇和适当搭配完成下题。

政府	人口迁徙
• 制定政策	• 离家背井
•	•
•	•
•	•
•	•
•	•
•	•
•	•
•	•
•	•
•	•

C. 从以下选择一个角色，并使用在本单元所学到的 5 个以上词汇进行角色扮演。

角色 A：一位有名的企业家（同时也是一位外地人）接受当地电视台的采访关于他 / 她的生活故事。

角色 B：一名政府有关人员向当地一家报社的记者提出他对开放户口政策的立场。

语言点二

A. 本单元课文中有用的成语

"直截了当"

例句：当时的广东省省长习仲勋则直截了当地说"要把我们内地建设好，让他们跑来我们这边才好。

"顺理成章"

例句：正是因为如此，深圳特区顺理成章地成立，经济飞速发展。

"触目惊心"

例句：中央一直全力保障北京的水源供应，但北京市缺水已经到了触目惊心的地步了。

B. 请用以上三个成语改写下列的句子。

1. 既然这个问题不能解决，你就应该直接告诉他，不要让他抱有希望。

 ____

2. 在这次突发事件中他所体现出冷静沉着的领导能力，使他因此被大家一致推选为应急小组的组长。

 ____

3. 飞机在降落前出现的意外让大家都非常害怕，但最终还是能成功降落，有惊无险。

 ____

C. 请用以上三个成语谈谈中国的人口迁徙问题。

讨论文章内容

A. 与你的同学一起，根据你从课文中所了解到的内容，使用上述的词汇搭配来回答以下的问题。

1. 户口制度对中国社会有什么影响？为什么不管中国人住在城市还是农村，户口对他们而言都很重要？
2. 你们国家有没有管理人口迁徙的政策？
3. 在中国，出外打工的人喜欢举家迁徙吗？他们在这一问题上，存在什么样的观念？
4. 农民工对中国的经济带来了什么好处？
5. 大量农民外出打工对农村带来什么样的负面影响？
6. 你对如何解决外地人口对城市带来的"城市病"问题有什么建议？
7. 你认为户口制度能否有效地遏制城市人口过度膨胀的现象？
8. 任何限制人口迁徙的的制度是否都意味着存在侵犯人权的现象？
9. 在你看来，中国是否应该继续实行户口制度，以限制人口的流动？

组织分析性的话语

识别偏见

“偏见”是指一种特定的立场或倾向，常常妨碍人们形成客观、公正的判断。阅读以下的新闻标题，判断这些标题中是否带有偏见，是什么原因造成此偏见，如何换种说法使这些标题变得更加客观。

1. 清理外地人，深圳伤不起
2. 北京上海该赶走“低端外地人”吗?
3. 北京过年没了外地人：出行畅通、吃饭排队、家务活太累
4. 那些“忧伤”的北京人：外地人北京不再欢迎你
5. 北京房该不该卖给外地人

组织假设

A. 阅读中国有关双重国籍问题的规定和分析，比较你们国家在这一问题上的情况。

> 据不完全统计，世界上近 70 个国家承认或接受双重国籍，而中国不在其列。中国的《国籍法》中明确规定，“中华人民共和国不承认中国公民有双重国籍”、“定居外国的中国公民，自愿取得外国国籍的，即自动丧失中国国籍”。单一国籍制在越来越国际化的生活中渐渐成为了障碍，有九成的新移民也并不愿意放弃中国国籍。反对双重国籍并不能阻止人才流失，因为如果一个人才具备移民欧美的条件和主观意愿，即使剥夺本国籍还是会选择移民，同时，反而因为失去了祖籍国的国籍，往往还把本可能想部分保留在祖籍国的产业干脆全部转移到海外。

B. 使用下表中的结构来组织推论性语句，并用来回答关于双重国籍的问题。

过去的情况	+	对现在的影响
• 如果有人在过去已经知道 • 如果 ~ 事在过去已经是真实的 • 如果 ~ 事在过去已经发生过	→	• 现在 ~ 事会有所不同 • ~ 事现在会发生 • ~ 现在可能会有所不同

1. 如果中国在过去接受双重国籍，对于留学海外的学生而言，会有什么样的影响？对于拥有大量资产的人而言，会有什么不同之处？
2. 如果你的国家在过去不承认双重国籍，你们国家的人口组成呈现什么样的状态？移民的数量和政策又会有何变化？

练习辩论

A. 从下方选择一个角色进行角色扮演，每人至少使用 10 个本课中学过的词汇。

背景：北京市政府商议采纳一个更有效地管理流动人员的新措施：赋予民警权力，可随时检查可疑人员的身份证及居住证。

角色 A：一位在北京市工作生活了 20 年的外地人。

角色 B：一位刚刚离开故乡来找工作以养活家乡的亲人的农民工。

角色 C：一位赞成采取随时检查可疑人员措施的政府官员。

角色 D：一位执行管理流动人员新措施的民警。

角色 E：一个生活在北京的本地市民

听力练习

听前活动

A. 在听录音文本前，预测你将会听到的观点，并填写下列的表格。

我们相信保护传统文化比人口流动带来的文化多元化更重要	我们相信人口流动带来的文化多元化比保护传统文化更重要
•	•
•	•
•	•
•	•
•	•
•	•

听时活动

A. 听录音了解大意：根据所听到的录音文本，在上述表格中把录音中出现过的观点表示出来，并记下其他你没有想到的观点。

B. 听录音了解细节：再听一次录音文本，在你所听到的观点前标注“强”或“弱”，并为较弱的观点提出建议，使其更有说服力。

听后活动

A. 你认为哪一方的观点更有说服力？请在回答时引用他们的观点以更好地说明问题。

B. 每场辩论都有结论部分，预测另一方将会提出什么样的结论。

提出观点的方式：口语

使用修辞技巧

A. 了解下列要点。

技巧要点 1 在第一到第三单元中，我们介绍了五种辩论策略中其中三种：假设性问题，定义性问题和前因后果的问题。

在这一单元中，我们将重点放在第五个策略：价值观问题。价值观问题着眼于好或坏、优或劣、美或丑，从而对每个想法作出价值判断。你已经从“价值”的角度阅读和谈论了人口流动问题。使用这种策略通常会衍生出一套标准化公式的表达，来说明某一问题的价值。例如，“人口流动是好的，因为它使 X、Y 和 Z 发生；而且每个人都能同意这一观点，所以这是件好事。”

B. 回顾文本关于价值的生词或短语，找出可以用于支持你方辩论的例子。例如，人口自由流动可以改善一个社会或国家，你可以使用本文中由人口迁徙带来的积极效应的生词或短语。

列出五个支持你们一方观点的价值观语句。

1. ______________________________
2. ______________________________
3. ______________________________
4. ______________________________
5. ______________________________

C. 在辩论中，你可以用价值观问题让你的论证更有力，或削弱对方的论证。例如，你可以提问或回答以下问题：“外来人口对当地的经济发展、文化的丰富性，以及社会稳定方面带来什么价值？”

根据你上面列出的价值观语句，改写成你在辩论中可能会用到的五个价值观问题。

1. ______________________________
2. ______________________________
3. ______________________________
4. ______________________________
5. ______________________________

D. 当你准备辩论时，你可以预估另一方会使用价值观语句的合理性和可信性。你可以指出该价值观判断标准的缺陷，来加以反驳这些语句。举例来说，对方可能会争论外来人口并不能改善当地社会，因为许多外来人口的素质不高。你会如何反驳这样的论证？

E. 复习课文然后列出五个主要的对方可能会提出的价值观问题或语句，然后列出你会如何反驳这些问题。

1. ____
2. ____
3. ____
4. ____
5. ____

F. 复习和应用之前的辩论策略
在第一到第三单元中，我们介绍了五种辩论策略中其中三种：假设性问题、定义性问题和前因后果的问题。准备辩论时，可以使用这些策略来支持或反对你的立场。计划你可以在辩论过程中使用这些策略的方法。

可以套用的句式

A. 下列是可以用来站稳立场的一些表述。复习这些语句，并将其用在你的口头和书面的议论中。

1. XX 是一个很重要的问题，因为……
2. 尽管 XX 看起来是很小的问题，但却是我们所关注的议题的关键要素。
3. 归根结底，至关重要的是……
4. 尽管 XX 只与……一部分人有关，但实际上它影响到所有关注……问题的人。
5. 当我们谈论……问题时，我们应该全面考虑各个方面……

如何应对问题

A. 假如在辩论的时候，被问到某个问题 X，而你需要转移话题。当这种情况发生时，可以使用以下几种说法。

1. 我认为这个问题更倾向于 X 领域；很遗憾，这不是我的专长。
2. X 跟我们的话题风马牛不相及。我今天的主题是 Y。
3. 做出回答前，我必须先征求 Z 的意见。
4. 这个问题复杂然而十分有趣，值得听取更多专家的意见。

口头练习

A. 现在请你进行辩论。在辩论中使用到你准备的思路以及学习到的词汇、句式，但这些内容只能给你作为参考，你不能在辩论中照着念出来。

组织辩论：写作

段落的连贯性

段落的写作最基本的原则是每一段或者段落中的每一部分为且只为一个主题服务、都围绕一个主题展开，这样能使各段或各部分更具统一性和连贯性。

下面的段落及段落内的每一部分连贯且统一。注意连接词是如何引导读者并衔接各个思想的。

尽管有些人声称移民是美国经济的绊脚石，他们支持美国实行更加严格的移民政策。但实际上，移民所做出的贡献比移民在医保、教育和其他社会福利上获得的利益多得多。

数据显示，移民会消耗政府的资源远低于他们为社会所增加的价值。首先，移民每年缴付超过 900 亿美元的税，却只获得 50 亿的福利。其次，研究表明，移民往往超额完成自己对于美国经济的职责。举例来说，移民占据了加州四分之一的人口，但却组成了三分之一的劳动力。此外，与非移民相比，有三成的移民在美国创业，这也意味着，为美国人创造更多就业机会。根据财政政策研究所的资料，移民拥有的小型企业雇 470 万人，每年产值超过 7760 亿美元。

段落的一个重要特点是主题句，主题句通常都会在段首介绍该段的中心思想，紧接着补充支持性细节。举例来说，上段首句以“但实际上，……”开始，阐明了中心思想。

A. 下列段落缺少一个主题句，通读全段并设计一个主题句：

在英国工作的大多数非法移民会把赚到的钱寄回给祖国的亲人。该国的国家统计局分析发现，去年全年，在英移民把约 41 亿英镑寄到英国以外的国家，这一数字对英国的经济增长毫无益处。此外，大部分的非法移民做的是黑工，没有缴税。英国内政部的报告估测，成千上万的的移民非法务工，足足有七成没有纳税。然而这些非法移民却享受着免费的医疗保险、食品救济券，以及其他针对老年人和低收入居民的公共服务。

但美国国税局同时也估测到，每年大约有 600 万没有登记在案的非法入境者提交所得税申报表。美国国会预算办公室调查发现，50%–75% 的非法移民会交纳联邦、州、地方的税务。此外，这些非法移民每年为国民生产总值作出数百万的贡献。

B. 阅读下段并划出主题句。

在美国，当大多数反对者还在主张移民是经济的绊脚石时，该国的移民学习中心最新研究结果却提出截然相反观点。移民带着各种不同的原因来到这个国家。相对公民来说，移民接受福利和参与政府项目难度会大一些。举例来说，去年一年，符合资格的非公民大约有 45% 领取了食品救济券；与之相比，大约有 60% 符合资格的美国公民领取了食品救济券。很多移民受教育的机会较少，从事低收入的工

作。此外，绝大多数非法或合法的移民在一生当中，所缴纳的税务要高出他们从联邦、州、地方所获得的福利近八万美元之多。与非移民相比，另有三成的移民在美国创业。谷歌、雅虎、易趣皆是由移民创建的。谷歌现在的资产净值已经超过了 2000 亿美金。总的来说，移民对于经济的奉献远比消耗的多。

环境保护方面的专用词语

连接词帮助读者能够从句子到段落更好地跟随作者的思路，以下是一些常用的连接词：

- 列举例子：打个比方、例如、尤其是、举例说明、比如。
- 前因后果：结果是、因此、从此、所以、故、相应地、出于这个原因。
- 对比：同样地、而且、相似地、类似地、也是如此。
- 对照：与此相反、然而、尽管、而不是、与其说、成对比、截然相反、相对来说。
- 列出更多的方面：此外、同样重要、其他方面、再者、与此同时、另外。
- 总结：简单来说、长话短说、整体来看、归根结底、总体来说。
- 结论：最后、最终、终究、总结。

C. 阅读下列范文，分别找出以上所提到过的连接词。

人口自由迁徙的机遇和挑战：观点的阐述

人口流动为社会带来的进步

在过去的半个世纪多之中，中国政府长期设立城乡二元户籍管理制度的目的非常明确，第一是为了集中力量实现以城市为中心的工业化，第二是为了防止人口自由流动带来的对大一统新政权稳定性的破坏。所以，尽管禁锢人口流动的强硬政策饱受国民的诟病，并且导致过饥荒这样的惨痛事件，但执政方

仍然在很长时间之内强制实施了这项政策。2014 年 7 月 30 日，中国政府正式出台《关于进一步推进户籍制度改革的意见》，打破了政策上长达半个多世纪的人口流动禁忌。应该看到，这项改革背后实际的动因是中国工业化已经基本完成，以及政权的高度稳定，在此基础上，执政方必须为人口流动为社会带来的进步做好制度上的准备。

纵观人类历史，伴随人口流动带来的不同文明之间的交流时人类社会向前发展的主要推动力之一。这样的例子不胜枚举。例如，如果没有十字军东征向西欧带回阿拉伯人的航海术，大航海时代不会出现，世界不会迅速连接成整体；如果没有航海家在旅途中将原产美洲的土豆、玉米带向世界，世界人口不会稳定增长；如果没有伴随人口流动带来整体性的世界贸易网，中国茶叶不会成为世界性饮品，美利坚历史上不会有波士顿倾茶事件，北美的独立将会被推向下一个偶然的历史节点……与生产力水平相对低下的古代相比，近现代直至当代人类社会的人口流动，不再被战争主要推动，而更多与经济利益直接挂钩，这种和平流动的方式在最大程度上去除了血腥、暴力、杀戮等古老的负面效应。即便被认为是有强烈乡土观念和宗族观念的中国人亦不例外。我们看到，当代中国人口大量从乡村涌向城镇，从二三线城市涌向一线城市，从国内涌向世界发达国家，本质上都是为了寻求更好的生活条件和发展机会。

在当代中国，在实际上已经进行了二十多年的人口大规模流动之中，我们不难看到伴随人口流动带来的正面变革。对于城镇而言，农民工的大量涌入极度加速了城市化建设，码头、铁道、马路、楼房等基础性建设以惊人的速度被建立起来，极大推进了中国的城市容量和现代化程度。对于乡村而言，离家务工人员将新鲜事物和新鲜观念带回农村，电脑网络、智能手机、家用汽车在社会生态最基层普遍覆盖，对中国人的物质生活和思想构成都起到了翻天覆地的变化。中国人最突出的民族特性是在长期的艰辛劳作中养成的吃苦耐劳的精神，所以，在更优厚的经济收入和更开放的发展机会引导之下，许多中国人毫不犹豫地选择了迁徙，由此带来了巨大而切实可见的群体利益与个体利益。

对中国的统一政权而言，在经济利益诱导下的人口流动有着除了经济利益之外的隐含利益，那就是有助于国家内部文化的交流，进而促进统一的文化心理。中国大陆的汉文化区域面积比西欧诸国加起来还要大，在名义上的政治、文化统一之下，实际存在着许多地缘分化和地区性差异，这也是中国历史上自古以来久合必分、容易造成地方势力割据的主要原因。随着中国基础交通建设的迅速发展，人员与物资流动高速流动，在今天，中国内部南、北、东、西的地域文化差异正在以非常惊人的速度快速融合。比如，被中国人视为地域文化代表的餐饮，所谓川、鲁、粤、闽、苏、浙、湘、徽八大菜系，在任何一个一线城市都不难找到它们的踪迹，人们也异地的烹调饮食报以极大的热情。出生地的地域差异在日常的工作协作之中越来越不重要，垮区域合作的效率在急速提高，这些都是加强统一政权凝聚力的良性因素。

当然，由于中国人口基数庞大，大规模的人口流动必然还是会带来一些负面的效应。比如，人口流动过于迅速造成了基层治安不稳定因素增加，导致基层刑事案件频发。劳动人口过快涌入一线城市，对城市的生活资源分配提出挑战，在今天的中国城市，住房、用水、教育、医疗等资源无不承受着由人口过多而带来的巨大压力。此外，每年以春节为代表的节假日前后，城市务工人员的返乡潮使中国的基础交通在短时间内全线进入超负荷运转状态，也是事故频发的基本原因。但是，通过对比我们可以看出，人口流动带来的利益是常态化、稳定化的，弊端则是偶发性、阶段性的，在利弊之间我们不难看出孰轻孰重。

中国国情中被认为是巨大负担的过剩人口，如今正在逐渐被引导使之成为有效资源。从过去二十年中大力发展劳动密集型产业，到今天全面推动基础性建设，人力资源已经成为中国发展的基础性动力。在经历了二十多年涌入东部、涌入一线城市的人口流动浪潮之后，今天，随着以西部地区为代表的内陆地区在基础建设上的完善和经济能力的提升，反向的人口流动趋势已经出现。这表明中国当下的人口流动仍然处于一种良性、有序的状态之下。人口流动的问题实际上就是人力资源的流向问题，已经没有任何理由可以阻止中国当下许可和鼓励人口自由流动的趋势。

写一篇说明你的立场的文章

A. 请围绕“人口自由迁徙的机遇和挑战”话题，写一篇说明你的立场的议论文，文章大约包含 5–6 段。记得在文章中使用你所学到的词语。

自我评价

自我评量

A. 回想一下到目前为止所做的练习，依据下面的评量表回答下列问题并为自己评分。

1. 我已经准备好了这个辩论题目
2. 这个辩论题目激发了我的兴趣
3. 我花了很多时间和努力来准备这辩论题目

1	2	3	4	5	6
完全同意	同意	有点同意	有点不同意	不同意	完全不同意

B. 如果你的答案大部分在红区，你能做些什么移动到蓝色区？如果你大部分的答案在蓝区，你能做些什么留在该区？

____

____

____

____

生词复习

从在本章你所学过的生词中，选出你觉得在辩论时最有用的十个生词。

1. ______________________________
2. ______________________________
3. ______________________________
4. ______________________________
5. ______________________________
6. ______________________________
7. ______________________________
8. ______________________________
9. ______________________________
10. ______________________________

单元

5

鹰派和鸽派之争

国家安全与个人自由

阅读前导活动

话题介绍

A. 与你的同学讨论下列有关运输安全的问题。

1. 描述在机场或火车站通过安全检查的流程。如果你没有经历过这些安全检查，使用上面的图片来推测可能发生的情况。
2. 你觉得运输安全需要哪些改变？这些改变会造成哪些正面或是负面的影响？
3. 在哪些方面安全人员可以正当地侵犯个人隐私来确保公共安全？为什么？

(Credit: Ming-Han Yang)

B. 阅读语言注释 **1** 中关于“安全”与“自由”的定义和解释，说明你对于这些观念是互相补充还是互相矛盾的看法。

语言注释 1

安全

- 免于遭受危险或威胁的状态
  例句：学校大门是上锁的，还有保安守卫，这为幼儿园的父母们带来一种安全感。
- 一个国家或组织对抗犯罪活动所带来的安全，例如恐怖主义、窃盗、或间谍
  例句：恐怖主义对于国家安全和世界各地人们的生活构成严重的威胁。
- 一些遵循的程序及采取的措施来确保安全
  例句：在严密的保卫下，许多国家的元首会晤讨论在边境地区的毒品暴力。
- 感觉安全、稳定、及自由的状态，有别于恐惧或焦虑
  例句：她终身不渝的朋友给她所需要的情感上的安全感。

自由

- 一个人所拥有且不被限制的行动、言语、思考的权力或权益
  例句：老师鼓励学生在课堂中能够自由思考和表达。
- 无外国统治及专制政府
  例句：一群勇敢的战士们用他们的生命来换取自由。
- 无监禁或奴役的状态
  例句：一条鲨鱼奋力挣脱来获取自由。
- 从令人不快的状态脱离而获得的自由
  例句：政府的福利政策促进人民享有自由的生活权利。
- 无限制使用某样东西
  例句：在潮湿的春天，屋主可以自由地为他们的草坪浇水。

C. 阅读以下内容并分析本课标题“鹰派与鸽派之争”。列出课文中可能出现的议题。

鸽派主张远用和平与外交手段解决冲突的人士。

鹰派相信远用军事武力手段解决冲突的人士。

可能的议题

1. ________________
2. ________________
3. ________________
4. ________________

勾勒思想图

A. 激发你的灵感，当谈到与国家面对安全与自由的挑战时，你会想到哪些词，越多越好。整理你的思路，填写下列图表，勾勒两张思路图。读完课文后，你可以加入更多的信息，现在若无法填写，可以先留空。

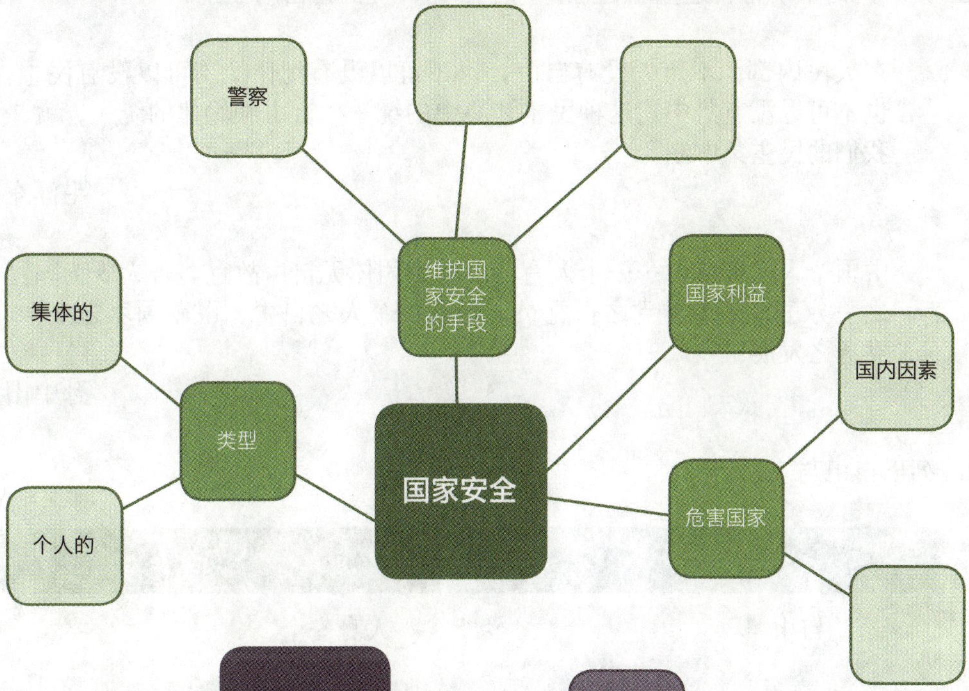

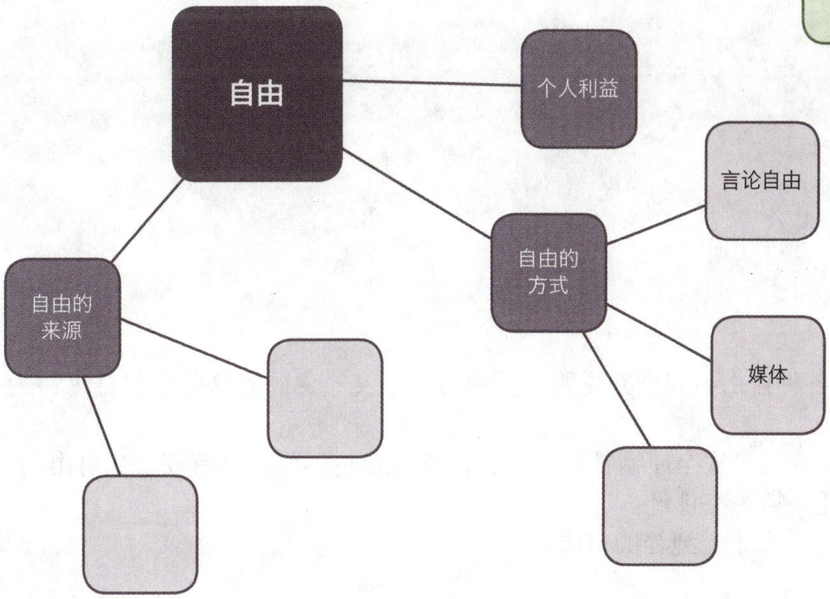

B. 比较你和同学的思路图以激发更多的灵感。完成两张思路图后，看看什么样的话题能把两张图联系起来。也就是说，什么样的话题与安全和自由都有联系？

讨论真相和观点

A. 读下列两个引言，这些引言各讨论了哪些种类的自由与安全？

> 在人民内部，不可以没有自由，也不可以没有纪律；不可以没有民主，也不可以没有集中。这种民主和集中的统一，自由和纪律的统一，就是我们的民主集中制。
>
> 毛泽东

> 中国个人向极自由……个人有自由，则团体无自由故也。吾人既为国民之一分子，又为本党之一党员，当牺牲个人之自由，以蕲国家之安全、党务之发展。
>
> 孙中山

B. 列出自由与安全的种类。

自由	安全
• 言论自由	• 人身安全
•	•
•	•
•	•
•	•

C. 考虑各种自由与安全并说明以下引言的意义。你同意这两个引言吗？为什么？

> 那些为了安全而牺牲自由的人，不应该也不值得享有安全或自由。」
> 托马斯 · 杰佛逊
>
> 「天下无纯粹的自由。
>
> 章炳麟

了解这一话题

重点阅读

A. 在阅读“鹰派和鸽派之争”的同时，在下表中列出辩论双方的观点。

支持基于安全的理由限制个人自由	反对基于安全的理由限制个人自由
•	•
•	•
•	•
•	•
•	•
•	•
•	•
•	•
•	•

B. 当你听播客 5 时，请注意你在文章中不熟悉的生词的发音。

孰轻孰重——个人权利与国家安全

2009 年 7 月 5 日，中国新疆维吾尔族自治区爆发了严重的暴力骚乱。当日，数千维吾尔族人冲上街头发动袭击，不仅和汉族民众发生冲突，而且砸抢商铺，并四处纵火。当地警察和武警[1] 出动，先后抓捕数百人，并与暴力分子发生冲突。冲突造成了严重的经济损失和人员伤亡。事件发生后，中国的新疆地区政府将其定性为“境外指挥、境内行动，有预谋、有组织的打砸抢烧严重暴力事件”，并认为幕后主使是热比娅·卡德尔为首的世界维吾尔代表大会，[2] 并称相当一部分维族暴徒是来自一千五百公里之外的喀什、和田等东突厥斯坦独立运动比较盛行之地。该事件发生之后，整个新疆的互联网服务被切断，人们只能通过官方网站——天山网来获取信息。就此断网事件，中国政府的解释是："暴力事件发生前后，境外势力频频使用手机和互联网进行策划、煽动、串联。事件处理过程中，自治区有关部门对此采取措施，是为了处理事件，维护当地社会稳定的需要。"[3] 而从当时的社会情况来看，舆论对断网行为的支持之声之大显然盖过了对于侵犯个人权利的呢喃之音。从普通民众的视角出发，这种行为是为了保障其基本的生存权（防止暴徒之间进行联络，继续杀戮）的迫不得已之举。同时，大多数中国民众从小就被教育的爱国主义和集体意识亦竞相迸发，对于国家安全和社会稳定的渴求压倒了一切，这也有助政府迅速平定了当地局势，使得民众的日常生活陆续恢复正轨。在绝大多数民众看来，这一切没有任何不妥，在这场血腥悲剧中，暴徒是那些十恶不赦的恶棍，而政府则是民众心中光芒万丈的救世主。

如果用西方个人隐私和个人自由的观念来观照中国政府的断网行为，那么这一行为显然是值得争议的——为了国家安全和社会稳定，让民众牺牲自己的知情权（无法使用互联网）和言论表达权（无法在网络上发言），这显然是不恰当的。甚至还有观点认为，民众对政府"断网"这一行为普遍失语是中国人"奴性思维"使然。但如果我们将这种观点如果放到中国传统文化的框架下，或可获得一种有效的解释。

中国的世界级功夫巨星成龙曾经演唱过一首歌曲——《国家》。歌中唱到"家是最小国，国是千万家"，"有了强的国，才有富的家"——这句歌词曾经被反复传唱，深入人心。这首歌之所以为很多中国人喜爱，是因为它能够深切地代表中国人主流的国家观念——国是家的基础，没有国，就没有一切，当然也不可能有家，更不会有个人。面对"国"的利益，个人的权益是一定应该让步、甚至被牺牲的。如果我们进一步思考会发现，成龙这首歌源头和脉络其实就是中国传统的儒家思想，即儒家思想中的"家国同构"以及"舍生取义"的精神和理念（这种传统甚至被升格为"儒教"——在漫长的历史岁月中成为中国人类似宗教的信仰）。"家国同构"即家庭、家族（家族、宗族）与国家在组织结构方面有共同性。都是由一个大家长领导和管理所有家庭成员运作家庭生活的空间。在家族中，家庭成员对家长要服从并孝顺，在此基础上维护家族利益。那么，在国家层面上，中国人倾向于将政府认同为家长，个人和由个人构成的小家庭同样倾向于服从政府的领导。因此，为了国家利益而放弃个人利益是一直都被肯定的。

"舍生取义"是孟子说的话，原话是："生命是我想要的，义也是我想要的，当二者不可兼得的时候，舍弃生命而取道义"。所谓"义"，是中国古代一种含义极广的道德范畴，是指人最应当做的事情。儒家思想把义和道（宇宙运行的原则和规律）联系在一起，形成所谓的道义，道义是义的最高境界，即一个人按照"义"的原则做的事情就是符合宇宙规律的事情。进而，儒家思想把道义和国家与民族结合在一起，即做为了国家和民族的事情就是最有道义的事情。如此，"我"在这里被分为两个境界——"大我"和"小我"，"小我"是追求个人利益的，"大我"则是追求道义的，即是为了国家民族而存在且奋斗的，它表现为一种精神、气质和道德的存在，是永恒的。所以，当一个人牺牲自己而做有道义的事情的时候，就是

“小我虽灭，大我长存”[4] 这种“有国才有家”和志士仁人的“先天下之忧而忧，后天下之乐而乐”的情怀共同造就了中国历史上和现实中无数“舍小家而顾大家”的可歌可泣壮举。从名垂青史的文天祥、[5] 史可法，[6] 到近代革命领袖谭嗣同、林觉民，[7] 再到共产党中国塑造的英模赖宁、[8] 焦裕禄，[9] 此类英雄可谓是层出不穷。他们有一个共同的特点，都是为了国家利益牺牲了自己的利益，甚至是自己的生命。

因此，当国家安全面临威胁时，受过中国传统文化熏陶的人会理所当然地认为应该适当让渡一些个人权利。例如，现如今摄像头几乎监控着城市的每一个角落，就是打着保障国家安全、社会稳定的旗号，民众非但不觉得有“老大哥在看着你”的恐惧感，相反会享受这种公权力的庇护感；在新疆及云南[10] 等地相继发生严重恐怖暴力事件，街头上全副武装的特警明显增多，民众丝毫不会联想到个人自由被践踏的“警察国家”，反而认为这对于恐怖分子是一种威慑，是日常生活正常运转的基石；对于进入2014 年便持续发酵的香港普选风波，普通大陆民众纷纷指责香港抗议学生破坏了香港稳定的局面，这必然带来对香港经济、政治、文化等各方面的全面冲击，在中国人（此处更多特指大陆人，因香港更多地接受西方文明而非儒家文明，实行民主制度而非威权体制）看来与社会动荡、民生凋敝相比，出让选举权换取经济发展、社会稳定、国家安全是无可厚非的。

但凡事过犹不及，如果在个人权利和国家安全的天平上一味地为国家安全增添砝码，那么个人权利便会显得无足轻重，这会导致国家权力以国家安全为名，对个人权利进行肆意的践踏，这在中国的历史上也是反复出现的。尤其是中华人民共和国建国的前 30 年，当时共产主义对于集体主义未来的勾勒与中国的儒家传统文化可谓是不谋而合，国家权力空前膨胀，在“三反五反”、“反右”、“大跃进”等一系列政治运动你方唱罢我登场之后，“文革”——这个个人权利的浩劫降临在中国大地，文革对个人权利造成了巨大伤害，也是中国人反思个人权利与国家安全关系的一个转折点。因为在文革期间，政府正是借“国家利益”知名盘剥了人们诸多的个人权益，甚至个人自由：农民不许自由迁徙，必须把土地献给国家，这是为了建设社会主义的需要；[11] 工人要离开自己的城市甚至家庭，到另外的地方建设军事工业，这是国防的需要；[12] 青年人必须离开校园到农村去成为所谓的“知识青年”，这是革命的需要。[13]“革命的”、“国防的”、“社会主义的”——所有的这一切都是假以一个“国家”的名义而存在的，这背后都给个人权利造成了巨大伤害：农民贫困，家人分离，知识青年其实成为最没有知识的一代中国人。在这种情况下，唯有保障个人权利，国家和社会才能真正进步。“文革”结束后，中国推行改革开放的政策，个人在经济、文化、迁徙等各方面的权利得到了显著的保障，国家安全以及国家利益至上的观念逐渐隐去，个人权利得到了很大尊重。1978 年开始的改革开放，不仅仅造就了中国经济的腾飞，更重要的是它促进了人们对个人启蒙的思考，进而开始有意识地维护自身的权益。如今，对于个人权益的维护在中国已经深人人心。

但这并不意味着个人权利已经战胜了国家安全或者超越了国家利益，在该出手时国家安全从来不会有任何迟疑，从 Google、Facebook、Twitter 等在中国大陆被封禁便可见一斑，即使没有确切的证据表明这些网络应用威胁到了国家安全，封锁它们也确实限制和剥夺了民众的知情权，但是在国家安全这样庄重严肃的话语面前，个体如同蚍蜉撼树，难以改变国家意志之分毫，这或是一种典型的中国特色。

中国有句老话叫"忘战必危"，在国际社会仍然处于民族国家体系的现实之中，对于国家安全的忽视必然会带来严重的后果，最终也会祸及到每一个普通人，从而使其个人权利难以切实得到保障。中国目前仍然行驶在崛起和复兴的快车道上，但是，周边的"路况"却不是那么明朗和友好，美国的"重返亚洲"战略被中国视为是对自身崛起的遏制，日本对于集体自卫权的解禁唤起了中国对于军国主义复辟的担忧，俄罗斯作为历史上掠夺中国领土最多的军事大国也令中国感觉不安，东南亚诸国与中国在南海问题上争执不下，西部邻国的"三股势力"[14] 威胁挥之不去。这些现实和潜在的挑战都使得中国不得不遵循着现实主义的宗旨，以国家安全的大棒来维护国家利益和社会稳定。

国家之间的斗法最终还是要落实到个人去执行。此时，如果个人为了自己的利益而出卖国家利益甚至国家安全，将对这个国家和人民造成巨大伤害，这种人会被视为国家的叛徒。在共产党中国 1949 年建立至今的 60 余年时间里，也曾出现过重大间谍案件，严重威胁了国家安全。原国家安全部北美情报司司长、外事局主任俞强生（江青前夫之子，现任全国政协主席俞正声的胞兄）以飞机人的代号为美国提供情报，使美国在 1985 年破获了潜伏在中情局长达 40 年的中国间谍金无怠，导致中国在美国的情报网遭受重大损失。前中共元老姬鹏飞之子姬胜德在 1999 年，因涉及厦门远华走私案和出卖军事情报谋取暴利两千多万，检方控以受贿罪、贪污罪及挪用公款罪等多项罪名之理由被拘捕，解放军军事法庭在一审中被判处死刑，缓期两年执行。2014 年，中国驻冰岛大使马继生因涉嫌向日本方面泄露国家机密，在 57 岁生日前被国家安全部逮捕，讽刺的是这位马大使还多次在外交场合和重要媒体上揭批日本首相安倍晋三"倒行逆施"，最终自己却成为了中国国家安全的"倒行逆施之徒"。另一位近期涉嫌间谍罪的人士则是大红大紫之人，他就是中央电视台知名主持人芮成钢，他凭借着俊朗的外表、睿智的问答、国际化的背景深受中国观众喜爱，然而，2014 年 7 月，芮成钢被检方带走，随后在新浪微博（类似 twitter 的社交媒体）上流传着芮成钢是"美国特务"，可能面临死刑判决，而且这一消息由微博实名认证为社科院副研究员，中东、军事、反恐问题专家的王国乡爆料，有着官方背景，可信度大大提升，同时更加吊诡的是，在审查极为严格的新浪微博上，对这一官方没有正式发布的消息并未采取删帖销号等方式，而是任由其传播，可见不是空穴来风。由此可见，如果不对国家安全加以重视，国家高官、社会名流也会不顾国家利益为所欲为，最终会对国家安全和个人权利造成严重的消极影响。

面对对国家安全的严重威胁，不仅是只有高官名流才有责任去维护国家安全，身处在国家中的每一个普通人都责无旁贷。早在中日甲午战争之前，日本就对中国派遣了大量的间谍，对中国的山川河流进行了精细的测绘，甚至深入到中国腹地，刺探各种情报，而中国的普通人因为没有国家安全的意识，对于测绘行为非但没有阻止，反而大力配合，最终日本相当一部分情报都是从中国民众手中获得。如今处于互联网时代，国家安全更加难以把控，广东于2014年破获一起由境外间谍机关通过网络勾联策反境内人员，窃取中国军事秘密的案件，案犯李某因泄露机密级军事秘密13份，秘密级军事秘密10份，被判处有期徒刑10年。李某出于贪图个人利益的目的，受境外间谍指示，成为境外间谍情报机关的窃密工具，长期为其订购和提供境内内部军事刊物，并对重要军事基地进行长期定点定时观察，大量军事基地动态情况和军事装备的照片通过他的手流向境外，对国家军事安全造成严重威胁。[15] 值得注意的是，该犯罪嫌疑人李某只是一个普通的军事爱好者，没有任何权力和地位，只是利用了一些管理上的漏洞，例如军队内部期刊发行管理存在松懈，有段时间甚至在地摊上都能买得到。至于军事基地，尽管军用机场、港口码头、军队营地岗哨林立，但对进出人员的审查和对靠近距离的限制看，远没有达到令心怀不轨之人望而却步的程度。这说明作为普通人有时也可能成为破坏国家安全的一颗棋子，任何时候都不能过分放松警惕。

综上所述，对于个人权利和国家安全的辩证关系需要我们每一个人仔细审视和思索。在后冷战时代，尤其是互联网时代的来临，个体的作用前所未有的凸显，再想让个体只是作为庞大国家机器上的一个小小螺丝钉——所有的一切都要服从国家，这已经难如登天。在世界自由民主的大潮中，每一个人都在珍视着来之不易的个人权利，并尽一切可能来捍卫。也就是说，个人权利其实是神圣不可侵犯的！但是现如今又恰恰是一个转型的时代，时代的进步在确立了每一个个体的价值之后，又提出了身份认同的问题。换言之，每个个体要想生存和发展下去，就必须要找到特定的母体进行归属，而对于大多数人来说，民族国家无疑是最有效的身份认同的母体。因此，个人应该效忠于自己的国家，这就要求在国家安全遭受威胁时，个人要让渡自己的部分个人权利，交予国家来统一行使。国家对于维护国家安全可谓是拥有天然的道义和职责，在承接了个人让渡的权利之后，国家应该学会感恩，也应该知晓国家建立的目的就是为其治理之下的民众提供良好的生存和发展条件，这是国家存在的原因之所在。但是，不可否认，上述所有的这一切都是一种理想，而现实则是个人权利和国家安全的博弈在未来仍会不断上演，并最终在不断的互动和磨合中找到各自的位置，然而这个位置的边界到底如何界定，双方互动的度如何把握，这是值得我们每一个人不断思考和探索的永久命题。

附目

1. 武警，即中国人民武装警察部队，成立于1982年，前身是中国人民公安中央纵队。这支部队的主要任务是担负中国国内的安全保卫工作，即俗称的内卫部队。它受中华人民共和国国务院、中国共产党中央军事委员会双重领导，由内卫、黄金、森林、水电、交通等部队和公安部领导的公安边防、消防、警卫部队组成。
2. “世界维吾尔代表大会”即“世维会”。该组织于2004年4月在德国慕尼黑成立，在原有的“世维青年代表大会”和“东突民族代表大会”基础上改组构成，而这两个组织都被中国政府确定为极端恐怖主义组织。据媒体报道，世维会确立了“渐进疆独（新疆独立）”的战略议程，他们的分裂策略体现了渐进主义和实用主义的特征。2005年7月该组织举行的第二次会议上,它明确地将"东突独立"定为终极目标。

3. 参阅秦刚：暴力事件发生后新疆断网是维稳需 要 http://news.ifeng.com/mainland/special/wulumuqisaoluan/zuixinbaodao/200907/0707_7229_1238573.shtml。
4. 这是在"戊戌变法"中牺牲的谭嗣同写给妻子信中的话。原文是"惟念此身虽去，此情不渝，小我虽灭、大我长存"，意思是，希望我的身体虽然死了，但我对你的感情不会改变。小我虽然没有了，但大我永远存在。谭嗣同认为自己已经成就了一个"大我"，因为他所从事的"戊戌变法"是为了拯救国家和民众。"戊戌变法"是中国晚清时期一场流血的改革，1895 年，康有为、谭嗣同等人在当时清朝皇帝光绪的支持下，发动一系列改革，试图将中国的君王制 (monarchy) 改革成为君主立宪制度，但因为清廷中保守派的反对和改革派策略失误等原因，变法失败。谭嗣同、杨锐等 7 人被处以死刑。
5. 文天祥，南宋末年著名政治家、文学家，爱国诗人，抗元名臣，被誉为中华民族的民族英雄。公元 1256 年，文天祥高中状元，官至右丞相，封信国公。在抵抗元朝入侵的战争中兵败被俘，宁死不降，最后从容就义。
6. 史可法，明末抗清将领，民族英雄。早年考中进士，步入仕途，早期镇守辽东抚宁，抗击清军入关。后转平各地叛乱。北京城被攻陷后，史可法拥立明福王，继续与清军作战。1645 年，清军大举围攻扬州城，史可法坚持不降，积极抵抗，城破身死。
7. 林觉民，近代革命先行者。少年时即接受民主革命思想，后参加孙中山领导的中国同盟会，从事反清革命运动，1911 年春回国，留下情真意切的绝笔《与妻书》，后在广州起义中受伤被俘，受审时仍然宣传革命道理，从容就义。
8. 赖宁，生前为四川初中二年级学生，1988 年 3 月 13 日，为了扑救突发山火，挽救山村，主动加入了扑火队伍中，在烈火中奋战四五个小时后遇难。1988 年 5 月，共青团中央，国家教委授予赖宁"英雄少年"的光荣称号。
9. 焦裕禄，河南省兰考县委书记，在身患肝癌的情况下，依旧忍着剧痛，坚持工作，被誉为"党的好干部"、"人民的好公仆"，最终积劳成疾，去世时年仅 42 岁。
10. 2014 年 3 月 1 日晚 9 时 20 分，10 余名统一着装的暴徒蒙面持刀在云南昆明火车站广场、售票厅等处砍杀无辜群众，截至 2014 年 3 月 2 日 18 时，事件已造成 29 人死亡、143 人受伤。民警当场击毙 4 名暴徒、抓获 1 人，其余 3 名涉案者于 2014 年 2 月 27 日在红河州个旧市沙甸镇落网。事发现场证据表明，这是一起由新疆分裂势力一手策划组织的严重暴力恐怖事件。2014 年 3 月 3 日下午，案件成功告破，该案是以阿不都热依木 - 库尔班为首的暴力恐怖团伙所为。2014 年 3 月 29 日，昆明市人民检察院分别以涉嫌组织、领导、参加恐怖组织罪和故意杀人罪，依法批准逮捕昆明"3·01"暴恐案 4 名犯罪嫌疑人。2014 年 9 月 12 日，昆明市中级人民法院对昆明火车站暴恐案进行了宣判，其中三人死刑，一人无期徒刑。
11. 1956~1978 年，中国实行严格的户口管理制度，尤其限制农民的自由流动和自由耕种。严格的农业管理保证了国家计划经济体系的有效运作，但大大盘剥了农民的收入，农民权益被极大损伤。
12. 1964 年，中国开始进行"三线工程"建设，该工程是将中国的大量军事工业从沿海迁入内地，以保证万一和美苏开战，军工企业不会因为位于沿海地区而被毁坏。三线工程导致中国大量原本生活在东部经济先进地区的人口和家庭迁徙到中西部山区中。
13. 即所谓"上山下乡运动"，1968 年，为了缓解城市的就业压力，以及纾解由于文革（文化大革命）造反派对城市各界形成的巨大冲击，毛泽东号召城市的年轻人到农村去，大量青年响应号召奔赴中国各地农村，成为所谓"知识青年"。文革中上山下乡的知识青年总人数达到 1600 多万人，十分之一的城市人口来到了乡村。这是人类现代历史上罕见的从城市到乡村的人口大迁移。全国城市居民家庭中，几乎没有一家不和"知青"下乡联系在一起。
14. 三股势力，包括宗教极端势力、民族分裂势力、暴力恐怖势力，以宗教极端面目出现，以"民族独立"为目的，试图在混乱中推翻中亚国家和新疆的世俗政权,按照他们的"纯粹民族教义"建立"纯粹伊斯兰政权"。
15. 参阅：广东军事泄密间谍案嫌犯真容 http://news.xinhuanet.com/mil/2014-05/06/c_126468500.htm。

阅读理解

A. 根据课文，选择每个问题最正确的答案。

1. 根据文章，新疆出现暴力事件后中国政府的断网行为？
   a. 使当地民众的日常生活受到影响，无法保障其生存权。
   b. 体现出中国政府是民众的救世主，应该牺牲民众的权利。
   c. 体现了中国人的奴性思维，当地舆论激烈批评该行为。
   d. 虽然能够保障国家安全和社会稳定，但存在一定的争议。
2. 文章提到歌曲《国家》是为了说明？
   a. 家庭成员应该维护家庭利益，家族先于国家。
   b. 不应该为了国家利益而牺牲个人或家庭的权利。
   c. 中国人对国家的观念是国是家的基础，应服从政府。
   d. 个人的权利是最重要的，不应该对国家或家庭让步。
3. 在文章中出现过的例子中，哪一个体现了“舍生取义”的原则？
   a. 普通民众由于没有国家安全意识，泄露国家情报。
   b. 中国大陆对可能威胁到国家安全的网站进行封锁。
   c. 香港学生抗议破坏了香港经济、政治稳定的局面。
   d. 摄像头对城市的监控让某些民众产生恐惧感。
4. 文章提到文革的目的是什么？
   a. 为了说明以国家安全为名侵犯个人权利的行为。
   b. 为了说明文革期间个人权利得到很大的尊重。
   c. 为了说明国家权利过度膨胀对国家带来的伤害。
   d. 为了说明当时的人们缺乏对国家安全问题的关注。
5. 如何理解文章中所提到的“国家之间的斗法最终还是要落实到个人去执行”？
   a. 中国的国家安全会由于人们的奴性思维而受到巨大伤害。
   b. 中国每一个人都应重视国家安全，有责任保护国家安全。
   c. 虽然普通人也会破坏国家安全，但还是应该重视个人利益。
   d. 政府十分重视国家安全，是因为外国正在破坏中国的社会稳定。
6. 以下哪一项符合文章最后一段要表达的观点？
   a. 个人应该把全部权利让渡给国家，一切以国家为先。
   b. 个人权利和国家安全的博弈会因为个人的正确选择而停止。
   c. 互联网时代的来临让我们了解到个人的权利神圣不可侵犯。
   d. 在国家安全遭受威胁时，个人权利应让位于国家利益。

掌握词汇

词汇搭配	
自由和安全领域	普通领域
1. 获取个人信息 Huòqǔ gèrén xìnxī	1. 严峻的地步 Yánjùn de dìbù
2. 维权人士 Wéiquán rénshì	2. 表达意见 Biǎodá yìjiàn
3. 提高安全意识 Tígāo ānquán yìshí	3. 评估潜在风险 Pínggū qiánzài fēngxiǎn
4. 滥用权利 Lànyòng quánlì	4. 与……密切相关 Yǔ . . . mìqiè xiāngguān
5. 随机搜索 Suíjī sōusuǒ	5. 消除风险 Xiāochú fēngxiǎn
6. 阻止犯罪 Zǔzhǐ fànzuì	6. 功亏一篑 Gōngkuīyíkuì
7. 确保安全 Quèbǎo ānquán	7. 无法自由行动 Wúfǎ zìyóu xíngdòng
8. 建立正义 Jiànlì zhèngyì	8. 竭尽全力 Jiéjìn quánlì
9. 收集个人信息 / 数据 Shōují gèrén xìnxī/shùjù	9. 矫枉过正 Jiǎowǎngguòzhèng
10. 对权利的侵犯 Duì quánlì de qīnfàn	10. 引发一场激烈的辩论 Yǐnfā yìchǎng jīliè de biànlùn
11. 侵犯个人自由 Qīnfàn gèrén zìyóu	11. 提供不同的选择 Tígōng bùtóng de xuǎnzé
12. 阻止恐怖袭击 Zǔzhǐ kǒngbù xíjí	12. 加强保护措施 Jiāqiáng bǎohù cuòshī
13. 限制权利 Xiànzhì quánlì	13. 参照先例 Cānzhào xiānlì
14. 野蛮的手段 Yěmán de shǒuduàn	14. 达到平衡 Dádào pínghéng
15. 不合理的搜查和扣押 Bù hélǐ de sōuchá hé kòuyā	15. （非）传统的方法 (Fēi) chuántǒng de fāngfǎ

拓展词汇

A. 使用上面的语段搭配，完成阅读前导活动中的思路图。你可以加入一些新的文本框和词语。

B. 为下表左边的词语选择最正确的搭配，到“北京大学 CCL 语料库检索系统”（点击“汉英双语语料库”，选择“高级查询”；也可以直接输入网页地址 http://ccl.pku.edu.cn:8080/ccl_corpus/advance_search.htm 进入）把生词及其可能搭配的词语输入在两个空白，然后选择“有序相距小于等于”选项并在后面空格填写多少字（例如：30）。然后点击“Search”。（你也可以试试中央研究院现代汉语平衡语料库 http://www.sinica.edu.tw/SinicaCorpus。

北京大学语料库

自由与安全	相应的搭配词			
1. 权利	a. 保护	b. 离开	c. 违反	d. 储备
2. 安全	a. 保证	b. 引领	c. 利益	d. 加强
3. 搜索	a. 清洁	b. 引导	c. 中断	d. 执行
4. 自由	a. 享受	b. 辩护	c. 假装	d. 补助
5. 风险	a. 超过	b. 采取	c. 减少	d. 处理
6. 辩论	a. 转动	b. 中心	c. 持续	d. 鼓舞
7. 正义	a. 调查	b. 否认	c. 参加	d. 阻扰
8. 罪恶	a. 减少	b. 打架	c. 犯罪	d. 做
9. 先例	a. 建立	b. 设置	c. 进入	d. 跟随
10. 安全	a. 提供	b. 模仿	c. 保证	d. 收紧

C. 在空格中为每一个生词填入适当的搭配词。

1. 公共场所的每台电梯都安装摄像头的措施______了一场关于个人隐私与安全的激烈讨论。
2. 鉴于校园内近期发生的偷窃现象，学校决定采取更严格的管制措施以______校园安全。
3. 许多人认为政府窃听公民的电话的做法______人民权利，是不正当的。
4. 海关官员有______搜查可疑的行李箱以及鉴定未申报的货物。
5. 人权人士抗议政府网络管制的政策以______他们的自由和知情权。
6. 该部门的官员尝试______不必侵犯个人的权利来提高国家安全。

D. 写五个句子，可以用来支持或批评法律限制政府为了国家安全而侵犯个人自由的行为，例如窃听电话、公开财务信息、监控电子邮件等。每个句子必须使用至少一个上面活动 B 中的搭配词。

1. ______________________________
2. ______________________________
3. ______________________________
4. ______________________________
5. ______________________________

E. 从右列的词语中找出左列的近义词。

词语	近义词
1. 阻止	a. 合作
2. 确保	b. 中断
3. 侵犯	c. 表示
4. 阻挠	d. 防止
5. 限制	e. 评价
6. 表达	f. 禁止
7. 配合	g. 集中
8. 提供	h. 保证
9. 收集	i. 伤害
10. 评估	j. 给予

F. 阅读语言注释中对“侵犯”和“侵略”这组易混淆词的解释，在后面的练习中选择正确的词语填空。

语言注释	
侵犯	侵略
1. 非法干涉别人；损害其权利 例句：她要对这篇文章侵犯其著作权的行为采取法律措施。 2. 侵入别国领域 例句：两国将签署互不侵犯条约。	1. 强行夺取别国的领土、主权，掠夺其财富，奴役其人民以及进行政治、经济、文化渗透 例句：这种所谓的援助实际上是经济侵略。

1. 这一切都是为其坚持侵犯 / 侵略扩张政策制造借口。
2. 该政府因为严重侵犯 / 侵略人权而受到强烈指责。
3. 新闻自由是神圣不可侵犯 / 侵略的。
4. 许多历史学家把这场战争视作侵犯 / 侵略战争。
5. 政府的首要责任是保护人民不受外来侵犯 / 侵略。

了解词汇意义

A. 根据其含义，在下列表格中尽量写出学过的词语搭配。

积极	中立	消极	上下文相关
• 保卫正义	• 提高意识	• 功亏一篑	• 引发一场激烈的辩论
•	•	•	•
•	•	•	•
•	•	•	•
•	•	•	•
•	•	•	•
•	•	•	•

B. 最近，在 X 城市的火车站发生一场爆炸案。有传言说，这是一场蓄意策划的恐怖袭击。市长将在近期召开一场记者会。使用上列的词语搭配词，写出五个用来询问市长关于这一事件的问题。

1. ______________________________
2. ______________________________
3. ______________________________
4. ______________________________
5. ______________________________

语言点二

A. 本单元课文中有用的成语

"层出不穷"

例句：此类英雄可谓是层出不穷。

"过犹不及"

例句：但凡事过犹不及，如果在个人权利和国家安全的天平上一味地为国家安全增添砝码，那么个人权利便会显得无足轻重。

"空穴来风"

例句：对这一官方没有正式发布的消息并未采取删帖销号等方式，而是任由其传播，可见不是空穴来风。

B. 请用以上三个成语改写下列的句子。

1. 尽管侵权问题不断出现，但只要能够严格监督市场，一定能有效制止恶性竞争行为。

   ____
2. 他做事情太过分反而会有反效果，在访谈中过于表现自我，结果给大家留下不太好的印象。

   ____
3. 这种消息是没有根据的，你不应该凭这个来对这一事件下结论。

   ____

C. 请用以上三个成语谈谈中国在保障国家安全中出现的争议。

讨论文章内容

A. 与你的同学一起，使用上述的词汇搭配来回答以下的问题。

1. 根据文章，儒家思想提倡个人、家庭应服从国家，你赞同这样的主张吗？为什么？
2. 你认为在打击恐怖分子、维护国家安全的时候，如何正确处理个人权利与国家利益的关系？
3. 摄像头监控在现代社会十分普遍，你认为这一措施是否侵犯了个人的隐私权？在你看来，政府是否需要控制这种监控方式？
4. 文章提到"如果在个人权利和国家安全的天平上一味地为国家安全添加砝码，那么个人权利便会显得无足轻重"，你能举出一些例子来支持这一观点吗？
5. 封锁网络虽然能保护国家安全，但同时也剥夺了民众的知情权，你如何看待这一做法？
6. 你如何理解文章所提到的"忘战必危"？为什么作者提出这一个词语？
7. 个人权利和国家利益之间的关系会因为时代的改变而有所变化吗？
8. 每个人是否应该牺牲部分个人权利以保证国家安全和社会稳定？你认为这种做法是奴性思维的体现吗？为什么？

组织分析性的话语

了解用作表达推论的语句

A. 在辩论时，人们会使用各种类型的逻辑来论证自己的观点。要有强有力的辩论，应避免一些较弱的辩论策略。阅读下面的表格，熟悉这些较弱的议论策略，又称为逻辑谬误。

解释	例子
诉诸于众意	
因为每个人都相信和/或做一些事情，所以它一定是真实的、对的。	你不应该怀疑这种行为是否具有正义性，因为其他人都觉得这是一种罪行。
循环论证	
支持的前提有一个前提，而不是一个结论。	这个系列是最好的儿童读物，因为它是历史上最好的故事书。
错误类比	
因为两件事情在一个或多个方面相似，所以假设它们在其他方面也都是一样的。	家长对孩子上午行为的监控就如政府的网络审查的行为，侵犯他们的自由权利。
急于概括	
基于不足或有限的证据，宽泛地陈述某事是真实的，或正确的。	某品牌的婴儿奶粉发生过安全事故。我们相信该国的婴儿奶粉都存在质量问题。
转移话题	
使用不相关或无关的事情来支持论点。	大城市的灰霾问题不应该被忽视。这个城市一直以来都是游客最喜爱的旅游目的地。

B. 阅读以下声明，并判断它们在逻辑上是否合理。如果你发现是个逻辑谬误，请指出是什么类型的谬误。

1. 对于恐怖分子应该要有更严厉的惩罚，因为我们需要阻止其他人采取同样的行动。

   ____

2. 这两次我去机场，保安人员都搜了我的包，我是唯一一个被保安人员检查的旅客。

   ____

3. 领事馆的入口只有一个金属探测器，每个人每次进入都得经过这个探测器。如果领事馆再购置一个金属探测器的话我们就可以更快地进入领事馆。

4. 我不必通过安全检查，因为这个机场是去年新修的。

5. 当交警要求要看你的驾照时，就像要求看你里面的衣服一样。这都是私人的东西，警察没有权利看。

6. 政府官员有权力监控我们财务状况的可疑活动，因为他们代表政府。

7. 我愿意将我的个人信息更加公开，因为我希望能生活在一个安全的国家里。

8. 中国不应该监控其公民使用互联网的状况，因为其他国家都认为政府不应该限制互联网的使用。

组织假设

A. 仔细阅读以下资料，分析为什么在机场排队等候安检时，很多人感到不安。

- 抵达安检处时，您必须交出仍然携带的超过100毫升的任何液体、喷雾剂和发胶，包括免税商品。这些物品将作销毁处理。
- 安检人员可能会索要您需携带药品登机的证明，如将处方上的名字与您的登机牌作比对。
- 请脱掉大件外套。
- 您可能还要接受搜身检查。
- 很多机场只要通过安检处进入安全区，都可购买免税商品和饮料等物品，这些物品可以携带登机。

B. 使用下表中的结构来组织推论性语句，并用来回答关于旅游安全的问题。

假设不出现某事	+	对现在和过去的影响
• 假如……事没有发生，	→	• ……事现在就会不同。 • 其他……事在过去就会发生。

1. 设想一种情况，考虑到一些方便旅客或有利于旅客的情况，例如：尊重隐私或者节省时间，而不在采取前面提到的其中一个或多个安全检查方法。会引起什么样的的不利情况（例如造成越来越多的恐怖威胁或骚动）？

练习辩论

A. 从以下选择一个角色，并使用在本单元所学到的 10 个以上词汇搭配进行角色扮演。

情景：一封寄给一个大型商务中心的安全负责人的匿名电子邮件说道，其中一名员工可能对建筑物的安全构成威胁。此邮件中未提到员工姓名，公司将召开一场紧急会议以决定最适当的行动。

角色 A:你是安全部门的负责人,你必须负责制定一个计划来处理应对这种情况。征询与会者的建议，经讨论后，作出最后的决定。

角色 B：你在公司中是处理冲突的专家，提出一个消除建筑物潜在危险的因应措施。

角色 C：你是 IT 部门的专家，用你的专业知识在会议中提出在这种情况下应该要做些什么。

角色 D：你是总部设在这栋建筑物里的公司代表，你担心你的员工对于这个可能侵犯员工公民权利的行为而产生的反应。

听力练习

听前活动

A. 在听录音文本前，预测你将会听到的观点，并填写下列的表格。

我们相信，在努力确保安全性的前提下，政府应该限制个人自由	我们相信，在努力确保安全性的前提下，政府不应该限制个人自由
•	•
•	•
•	•
•	•
•	•
•	•

听时活动

A. 听录音了解大意：根据所听到的录音文本，在上述表格中把录音中出现过的观点表示出来，并记下其他你没有想到的观点。

B. 听录音了解细节：再听一次录音文本，在你所听到的观点前标注“强”或“弱”，并为较弱的观点提出建议，使其更有说服力。

听后活动

A. 你认为哪一方的观点更有说服力？请在回答时引用他们的观点以更好地说明问题。

B. 每场辩论都有结论部分，预测另一方将会提出什么样的结论。

提出观点的方式：口语

使用修辞技巧

A. 了解下列要点。

技巧要点 1 在第一到第四单元中，我们介绍了五种辩论策略中其中四种：假设性问题、定义性问题、前因后果的问题和价值观问题。

在这一单元中，我们将重点放在第五个策略：程序性问题。程序性问题着眼于质疑问题在未来的可行性，以及问题是否合理或者可靠。您已经阅读并谈到安全与自由之间的平衡。大多数使用程序性问题的讨论将会谈论到，如果我们有太多的安全，太少的自由，或其他备选方案，我们将会有什么样的世界。例如，一方可以描述生活在安全性被视为比个人自由更重要的国家会是什么样子的。

B. 回顾文本的生词或短语，找出可以用于支持你方辩论的例子。例如，如果你支持自由至上的观点，你可以使用本文中形容自由比安全更重要的相关的生词或短语。

列出五个支持你们一方观点的程序性语句。

1. ____________________
2. ____________________
3. ____________________
4. ____________________
5. ____________________

C. 在辩论中，你可以用程序性语句让你的论证更有力，或削弱对方的论证。例如，你可以提问或是回答以下问题 :“我们要如何生活在一个把安全视为远比自由重要的国家？”

根据你上面列出的程序性语句，写出你在辩论中可能会用到的五个句子或问题。

1. ______________________________
2. ______________________________
3. ______________________________
4. ______________________________
5. ______________________________

D. 当你准备辩论时，你可以预估另一方会使用程序性语句的合理性和可信性，从而反驳他们的论证。你可以指出如何将这些想法加以实行，来加以反驳这些语句。举例来说，对方可能会争论社会需要放弃所有的个人自由，否则会危害国家安全。你可以反驳说，这样的政策或程序缺乏社会支持，因此，失去可信度。

E. 复习课文然后列出五个对方可能会提出的主要的程序性语句，然后列出你会如何反驳这些语句。

1. ______________________________
2. ______________________________
3. ______________________________
4. ______________________________
5. ______________________________

F. 复习和应用之前的辩论策略

在第一到第四单元中，我们介绍了五种辩论策略中其中四种 : 假设性问题、定义性问题、前因后果的问题和价值观问题。准备辩论时，可以使用这些策略来支持或反对你的立场。计划你可以在辩论过程中使用的猜想和定义性策略方法。

可以套用的句式

A. 下列是可以用来巩固立场的一些表述。复习这些语句，并将其用在你的口头和书面的议论中。

1. XX 的支持者主张……是很有道理的，但当他们声称……时他们有所夸大。
2. 尽管这是事实，但它并不一定意味着……。
3. 一方面，我同意 XX 所说关于……，但另一方面，我仍然坚持认为……。
4. 尽管……似乎是合理的，但我仍然反对……。

如何应对问题

A. 在辩论中你也许会遇到你需要进一步表达意见以及陈诉事实的情况，下列是此情况发生时可以使用的一些表述。

1. 我恐怕现在无法为你提供更详细的证据，但是如果你对我的观点有兴趣，我想说……
2. 我可以举出具体的事实，但在我看来……
3. 恐怕我无法指出特定的来源，但是我曾经听过有人说过“……”，对此我完全同意。

口头练习

现在进行辩论。在辩论中使用到你准备的思路以及学习到的词汇、句式，但这些内容只能给你作为参考，你不能在辩论中照着念出来。

正方：政府应该限制公民的自由以保证国家安全
反方：政府不应该限制公民的自由以保证国家安全

组织辩论：写作

组织开头和结尾

开头介绍：开头介绍的目的是表明你对某个事件的立场；然而，首要任务是吸引读者的注意力。为了达到这个效果，你可以把论点句放在开头的最后；其余的部分有逻辑地为论点句做铺垫。

以下的几种开头可以成功地抓住读者的眼球：

1. 一个相关的例子。例如：据媒体报道，广东近日破获一起由境外间谍机关通过网络勾联策反境内人员，窃取中国军事秘密的案件，案犯李某因泄露机密级军事秘密13份，秘密级军事秘密10份，被判处有期徒刑10年。情报工作关乎国家安全，必须长抓不懈，应该严厉打击此类危害国家的人，特别是网络越来越发达，敌对势力窃取我国的政治军事经济等机密方法更加多元和方便，必须要提高警惕性。网友们呼吁加强国防意识宣传很有必要。
2. 一个能说明问题严重性的统计。例如：国家保密局的统计数据显示，目前只有20%左右的企业将商业秘密交由“知识产权部门”或“法律部门”这样的专门机构进行管理，约42%的企业由“财务”、“办公室”、“人事”等部门兼职管理，更有约37.6%的企业没有设立或明确管理商业秘密的部门。在商业领域相关单位“戒防”意识相当淡薄。

3. 一个能激发人们思考的引言。例如：古语讲："生于忧患，死于安乐。"安全危机本身并不可怕，关键是要做到防患于未然，筑牢自己的安全屏障。
4. 一个引导人们思考的问题。例如：国家安全和个人隐私孰轻孰重，应该如何平衡？这一问题值得我们的思考。

A. 阅读下列文章的开头，指出它们使用了什么样的策略来吸引读者的注意？你觉得哪一种方法最有效？

1. 最近几年来，维权和维稳的矛盾逐渐成为我国国家安全领域一个比较突出的问题。但在维稳的过程中是否伤害到公民的工人利益，这是十分值得我们深思的问题。
2. 统计数据显示，1979～2004年26年间，我国社会秩序指数年均递减1.7%，其中每万人口刑事案件立案率从1978年的5.5件上升到2004年的36.4件，按逆指标计算，年均递减7%；以同样的计算方法，贪污贿赂渎职受案率和治安案件发案率，年均递减1.6%和5.4%。让民众拥有充分安全感是和谐社会的重要标志之一，而社会秩序和稳定指数的下降直接导致了居民社会不安全感的增加。
3. NBA的亚洲第一人王治郅在是否留美参加夏季联赛的问题上，与他所属的中国篮协和八一队在经历了一个月的僵局之后，终于以篮协发出最后通谍和王治郅表示道歉认错而解套。据有关媒体报道，从篮管中心的官员到国家队的主教练，都对此感到高兴，并认为这是大郅在处理国家利益和个人利益问题上认识到了自己的错误，是皆大欢喜的结局。在处理国家利益和个人利益的问题上，许多决策者往往缺乏一个长远的统一的思考，而是套用一个简单的模式。
4. 一位名人曾经说过一句话，一个人最大的资产是"希望";最大的破产是"绝望";最大的陷阱是满足"现状"。当机会来临时，对谁都一样公平，假如我们失去了绝好的机会，也许是因为我们犹豫不决，或者满足现状。

结论：结尾有两层目的：(1) 总结要点并重述论点；(2) 突出结论，强调观点。结尾要避免出现新的信息或者没有论据支持的观点。

以下几个方法可以帮助构建结论：

1. 提出反问；
2. 引经据典（或者提及文中引用的部分）；
3. 作出预测；
4. 分析后果；
5. 提出建议。

B. 阅读下列介绍段和结论段并 (1) 观察论点是如何被重述的；(2) 判断吸引读者注意和结论的部分运用了哪些策略。

例子 1：	
开头段	结论段
不知道从什么时候起，市场经济与贫富差距这两个词常常被连在一起使用。在众多的评论文章里，许多作者都理所当然的推理：市场经济的发展将会导致贫富差距越来越大。他们的口气是如此自然，仿佛这就像是一个不言自明的事实一样。贫富差距问题已经成为众多市场经济的批评人士常用的论据—尽管他们从来没有给出过证明：市场究竟为什么会以及如何导致贫富差距不断扩大。	市场经济下的贫富差距是消费者不同的期望、愿望、评价产生的结果。如果想要限制贫富差距，除了让消费者承担高物价以外，别无他法。如果想要消灭贫富差距，除了强行用一种思想取代所有消费者头脑中的思想以外，别无他法。

例子 2：	
开头段	结论段
今年本市安全生产月活动开始了。每到 6 月份，各类企业迎来生产旺季，安全生产事故增多的可能性增加。把 6 月定为安全生产月，就是要动员全社会加强安全生产工作，提高安全意识，预防和控制各类安全生产事故的发生。经过多年发展，安全生产月已经形成有影响的品牌。人命关天，发展决不能以牺牲人的生命为代价。这是一条不可逾越的红线。	安全生产是一项系统工程，必须时刻绷紧这根弦，以高度的责任感和扎实的作风落实到位。今年首都改革发展稳定任务重，大事要事多，安全生产工作较之以往更加艰巨。让我们立即行动起来，把安全生产工作做得更实、更细、更好，使首都城市运行更安全，人民生活更幸福。

C. 阅读下面的文章，找出作者使用什么样的策略来吸引读者的注意？是否以结论有关系？文章如何总结来强调观点？

国家利益与个人利益：观点的阐述

为了国家安全可以牺牲个人的自由

关于国家安全的认识，每个国家的人的理解都会有所不同。在强调自由至上的美国，多数人会认为个人自由高于国家安全，我想这与其从未遭受过严重到关乎国家存亡的安全问题不无关系。要特别说明的是，论者毫无对近年来美国遭遇恐怖袭击遇害的无辜者不敬之意，但如果从客观的角度衡量，即便是9.11事件这样震惊全球的恐怖袭击事件也并未对美国主权、领土及主体数量民众生命财产安全造成实质性动摇。美国自建国以来因地理位置长期独立而使本土远离争端，从未发生过异族入侵（虽然有过二战时期日本袭击珍珠港事件，但距离本土比较遥远）、国土沦陷、国民大规模陷入战乱以及因敌对势力破坏而导致经济崩溃等性质的国家安全问题。而以上提到的很多问题，却是世界其他国家惨痛的历史经历。比如俄罗斯首都莫斯科曾遭拿破仑和希特勒兵临城下，法国首都巴黎也曾被普鲁士军人和法西斯部队攻陷，德国二战后长期被美、苏肢解，中国面对二战时期日本的全面入侵伤亡人数超过一亿，等等。有过类似惨痛经历的国家，所理解的国家安全显然会与美国有所不同。

国家安全与个人自由的矛盾在当下中国显得尤其突出。要从理性上去分析这个问题而不是从直观道义上去空谈，关键是要了解今天中国面临的国家安全问题究竟处于何种状况，以及官方基于实际的国家安全问题是否有采取过度压制个人自由的措施。首先，中国目前面临的国家安全问题是比较严峻的，从地缘政治来看，东面位于太平洋出海口的日本是曾经险些征服中国的宿敌，南面东南亚诸国与中国存在严重的海上资源争夺矛盾，西面的印度同为亚洲大国，与中国存在政治竞争关系，北面的俄罗斯更是曾经侵占过中国无数领土，并长期影响中国政局。可以说环顾中国国土周围，无一真正的朋友，只有敌人或者竞争对手。在这样的地缘环境中寻求战争以外的方式和平崛起，承受的外部压力相当巨大。从国家内部来看，统一国家观念自古深入人心，要维持幅员辽阔、人口数量庞大、民族成分复杂的统一国家形态，并整合国家力量为统一政权所调度，内部所面临的国家安全问题的艰巨性不言而喻。

中国政府受到质疑的关于损害个人自由的政策与做法主要集中在限制人口自由流通的户籍制度、限制国民自由生育的计划生育政策、限制国民自由获取信息和表达意见的新闻管制和限制民众自由聚集的治安管理措施。与之前提到的中国面临的国家安全相对照，这些曾经起到过积极的作用，比如户籍制度在生活物资极度匮乏的时代（主要是改革开放以前）防止了流民暴动（也在一定程度上造成了饥荒）；饱受诟病的计划生育政策防止了印度式的人口爆炸；新闻管制和治安管制确保了社会思想和力量的统一，进而形成合力进行经济建设（这当然与个人自由高度冲突并被认为是执政方为维护集权而采取的管制政策）。这些政策在当下开始出现部分松动的迹象，比如当前中国政府正在大力推进户籍制度改革和计划生育制度改革。但新闻制度和治安措施则在不短的时间内不会有实质性的改观。综合来看，中国政府在限制个人自由方面确实采取了一些过于严酷的措施，这是当下中国公民意识开始苏醒局面下主要的社会矛盾之一。但更应该看到，官方政策与民众期待之间的落差正是进步的方向。2013 年，韩国导演杨佑硕以已故韩国总统卢武铉的生平故事改编拍摄了电影《辩护人》，引起国内外轰动。影片以 1981 年韩国第五共和国全斗焕军事独裁政权执政初期的釜山为背景，讲述了平凡税务律师宋佑硕为震惊全国的"釜林事件"受害学生进行人权辩护，挑战军事独裁强权最终推进韩国民主进程的故事。这部电影虽然由于相关文化管制政策没能在中国公映，但许多中国观众通过互联网渠道观看了这部电影。观看过这部电影的中国观众普遍认为中国也可以像韩国一样通过艰苦卓绝的努力，争取到符合世界主流的自由与权利。

实际上，为了安全而牺牲自由的观念在某种程度上说是一种全球性共识，比如我们所有人都知道搭乘飞机需要做安全检查，在许多公共场合如街道和购物广场，也通常会有监控摄像头。多数人不会认为在机场接受安全检查或者在购物广场被监控摄像头拍下来是一件触犯底线的事情。人们真正的争议在于，如何在安全与自由之间找到适度原则，换而言之，我们究竟能够为安全付出多少自由的代价。当然，人们还有另外一重深层的隐忧，那就是在以往的历史中，以国家安全为名无限制践踏民众自由甚至生命的傲慢强权也层出不穷。英国小说家乔治奥威尔的政治寓言小说《动物农庄》和《1984》所描述的极端状况，在今天仍然令人心有余悸，也广为受过高等教育的中国民众所熟知。对于中国而言，随着经济实力的不断发展，政治、经济、文化各方面世界接轨的程度越来越高，奥威尔描述的极端状态在中国重新发生的可能性越来越小。在这样的情况下，探讨国家安全与个人自由之间的平衡度问题将比讨论彼此的取舍问题更加具有现实意义。

写一篇说明你的立场的文章

A. 请围绕"安全与自由"话题，写一篇说明你的立场的议论文，文章大约包含 5–6 段。记得在文章中使用你所学到的词语。

自我评价

自我评量

A. 回想一下到目前为止所做的练习，依据下面的评量表回答下列问题并为自己评分。

1. 我已经准备好了这个辩论题目
2. 这个辩论题目激发了我的兴趣

3. 我花了很多时间和努力来准备这辩论题目

1	2	3	4	5	6
完全同意	同意	有点同意	有点不同意	不同意	完全不同意

B. 如果你的答案大部分在红区，你能做些什么移动到蓝色区？如果你大部分的答案在蓝区，你能做些什么留在该区？

____

____

____

____

生词复习

从在本章你所学过的生词中，选出你觉得在辩论时最有用的十个生词。

1. ____
2. ____
3. ____
4. ____
5. ____
6. ____
7. ____
8. ____
9. ____
10. ____

单元
6

学历 = 通往成功之途？

教育与实战经验

阅读前导活动

话题介绍

A. 在课堂外，采访几个你眼中在中国事业有成的人（最好是土生土长的中国人），通过视频或者发邮件采访，并记录以下问题的答案。

成功职业生涯调查			
	(1) 你如何定义一个成功的职业生涯？	(2) 什么样的资格能让你开始你成功的职业生涯？	(3) 你会给刚进入职场的年轻人什么样的建议？
第一位受访者			
第二位受访者			
第三位受访者			

B. 在网上搜索三个在中国吸引你的工作，列出每个工作对求职者的要求，这些要求与你在上面第二栏列出的资格类似吗?

工作 1 : ____________________

要求 : ____________________

工作 2 : ____________________

要求 : ____________________

工作 3 : ____________________

要求 : ____________________

C. 和几个同学一组，报告讨论你的采访结果。请回答下面的问题，并想出两个你自己的问题与其他小组成员讨论。

1. 你有没有发现，大多数人对成功的职业生涯都有类似的定义?
2. 对于问卷调查最后两题回答中的异同，应如何解释?
3. 根据你的工作搜索，你觉得对求职者最有用的建议是什么?
4. ____________________
5. ____________________

D. 研读语言注释 **1** 里“成功”的含义，并解释这些学术定义和你在调查中所搜集到的成功定义有什么关系（见第一栏）。

语言注释 1	
成功（名词）	
1. 获得预期的结果	（例子）这次手术十分成功，病人下周就可以出院。
2. 逐步实现有价值的理想，达到目的	（例子）本次展览受得到媒体的一致好评，获得很大的成功，使得主办单位充满信心。
3. 完成重大的事业	（例子）李嘉诚拥有 300 多亿美元的资产，是中国人们公认的成功的企业家。

E. 阅读**文化笔记 1** 并再次阅读本课标题"学历 = 通往成功之途？"，列出可能在这篇文章中出现的议题。

文化笔记 1 在中国，有许多一直名列前矛的顶尖的大学。根据上海交通大学世界一流大学研究中心统计（http://www.shanghairanking.com），中国排名前八所大学分别是清华大学、北京大学、浙江大学、中国科学技术大学、复旦大学、上海交通大学、南京大学和南开大学。这些大学吸引中国最优秀的学生，而且严格培养他们的学生。人们普遍认为，从像清华和北大这样的名校毕业就能够确保一个成功的未来。不过，也有一些例外，如有些非常成功却并非名校毕业的中国人，例如李嘉诚，或是名校毕业却找不到一份好工作的人。

1. ______________________________
2. ______________________________
3. ______________________________
4. ______________________________
5. ______________________________

勾勒思路图

A. 激发你的灵感，当谈到学业与成功的问题时，你会想到哪些词，越多越好。整理你的思路，填写下列图表，勾勒两张思路图。读完课文后，你可以加入更多的信息，现在若无法填写，可以先留空。

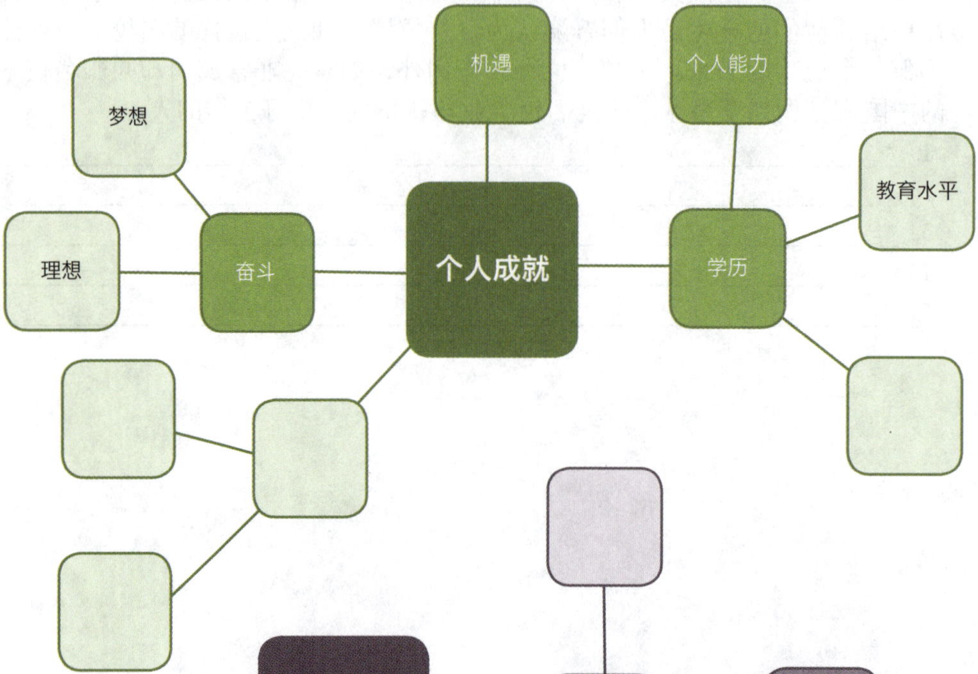

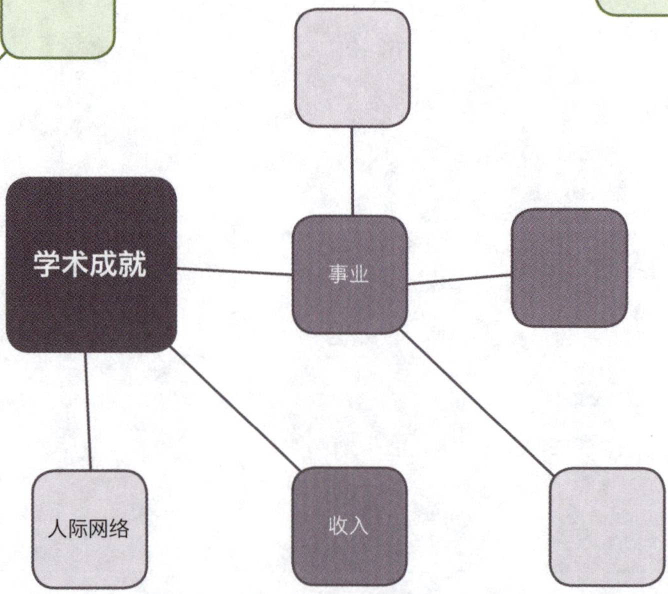

B. 比较你和同学的思路图以激发更多的灵感。完成两张思路图后，看看什么样的话题能把两张图联系起来。也就是说，什么样的话题与学业和成功有关。

讨论真相和观点

A. 时代杂志列出几位年度风云人物：李嘉诚、马云、成龙，和同学讨论“成功”对于这些杰出人物的含义。

B. 阅读下表中关于成功的名言，找出哪些因素可帮助人们达到成功？找出关键词，写出成功的公式：A + B = 成功。

不断的奋斗就是走上成功之路。
孙中山

成功自是人权贵，创业终由道力强。
梁启超

思虑熟则得事理，得事理则必成功。
韩非

天时不如地利，地利不如人和。
孟轲

业精于勤，荒于嬉；行成于思，毁于随。
韩愈

成功之道：小公司做事，大公司做人。
柳传志

立志欲坚不欲锐，成功在久不在速。
张孝祥

了解这一话题

重点阅读

A. 当你阅读完“学历 = 通往成功之途？”这一标题后，在下表列出辩论双方的观点，辩题为“学历是否是成功的先决条件”？

赞成学历是成功的先决条件	反对学历是成功的先决条件
•	•
•	•
•	•
•	•
•	•
•	•
•	•
•	•

B. 当你听播客 6 时，请注意你在本文中不熟悉的单词发音。

要学历还是要经历——中国社会背景下关于“成才”的思辨

在中国，每年的高考都会出现万众瞩目的新闻，2014 的新闻是“警察带枪护卫高考”。在 6 月 7 日 ~ 8 日的两天考试，中国各地第一次出现了警察带枪武装护卫高考的景观。尤其在北京，中国警察的最高领导——公安部部长傅振华亲自视察北京市的高考考点之一：北京市第 50 中学，显示出政府对这场考试前所未有的重视力度。而很多城市在考试当天，涉及考试的路段会实施交通管制。家长们更是不遗余力，保护自己的孩子能以最好的状态参加高考。有一个城市特别夸张：在考英语听力的时候，考生的父母们自发组织起来，拦住经过考场门外的自行车不让过，理由是怕他们打铃影响了考生“听考题”——家长们的紧张程度已经到了匪夷所思的地步。

至于各种高中生备战高考的故事，更是屡见不鲜，而且极为动人。2014 年，中国中央电视台推出它的蜚声中国的纪录片《舌尖上的中国》（第二部）。在这部以中国美食为主题的作品中，编导把“吃”和学生的“高考”联系在一起。[2] 在片中我们看到，17 岁的高中女生高欣雅在中国中部大山中的一所中学读书，准备高考。而她的母亲李溪选择“陪读”——停止自己的工作、也离开家乡专门照顾准备考试的女儿，以便女儿能考出最好的成绩。女儿每天紧张地学习，就是为了 6 月初那改变自己命运的考试——考上大学！于是，“整个校园充满了如临大敌的紧张和亢奋”（纪录片的解说词），而妈妈能做的就是每天想尽办法，做出各种美食，让女儿吃得开心，吃得幸福，进而身体达到最佳状态，然后调动全部的精力参加高考。临考前，考生们撕碎所有的复习材料洒向天空以发泄自己因为过于艰苦的学习而产生的压抑情绪，又放飞寄托希望的灯笼向冥冥中的命运祈祷，祈祷自己考试顺利。而高欣雅母亲则说，在陪孩子读书的这十个月当中，可能是她一生最幸福的时光。因为她和孩子在一起——孩子因为高考而充满希望，她因为孩子而充满希望。在这段画面中，美食、母爱和高考，这三者奇妙地结合在一起，也让艰苦、温情和希望交织一起，凸显了高考这场考试对普通中国人的重大意义，也潜在说明了高等教育在中国的重要地位。

高考之所以重要，是因为它是当下中国人普遍认可的人才遴选标准，也是公认的最公平的一种人才培养和选拔机制，即大家普遍相信，通过高考以及高等教育之后，一个人将取得较高的知识水准和业务能力，可以在这个社会上获得更好的职位和资源。而对于年轻人来说，通过高考、读大学，这是自己成功的一个基本条件。

读大学给一个人带来的回报是显而易见的。比如，除非蓝领工人从事的体力工作，一般稍微好一点的机构录用工作人员，最起码的要求都是大学本科毕业。在中国，大多数的政府公务员考试的一个基本条件也是大学毕业。没有考上大学的孩子只能从事一些低层次、收入低的简单工作，或者只能到农村工作（中国由于存在巨大的城乡差异，城市的生活条件和社会福利条件远远高于农村）。不同层次和类型的大学毕业生被给予的社会资源也不相同，比如同样是外地学生，同样想留在北京，一个北京大学的毕业生将比普通大学的毕业生更容易被北京接纳，仅仅是因为他有一张北京大学的文凭，因为北京大学是中国最好的大学。一张大学文凭，尤其是重点大学的文凭在中国意味着发达城市的户口、不错的工作、更好的结婚对象和更多的金钱以及事业发展的空间，这一切敦促中国年轻人趋之若鹜地参加高考。

中国大学文凭的“含金量”当然不只在名分上，即它并非只是一个标签（logo），好像贴上这个标签就立刻身价百倍，进而能获得无尽的社会资源——情况并非这么简单。中国大学教育对于一个人的成功和成才来说确有一些卓有成效且无法替代的资源。中国传统文化中有一种说法，即一个人的成功除了自己要有能力之外，还要有“天时、地利、人和”[3] 三项因素的配合。如果用现代的语言来说，那么，“天时”大概相当于“机遇”，“地利”相当于“环境”，“人和”相当于“人脉关系”——即有哪些伙伴和朋友在工作和事业可以帮到你。可以说，一个人一旦读了大学，这三者立刻就会提升到一个崭新的高度。如前所述，当一个人获得大学文凭后，社会将给予他更多的机会，也就是说他的“天时”被优化了；进而，他的生活和工作环境会发生变化——往好的方面发生变化，这是“地利”。而最重要是“人和”，即大学可以帮助他建立一个有用的“人脉关系网络”，为其今后的工作事业发展提供巨大的便利。中国的大学是按照学科专业门类招生的，学生在上大学之前就要填报相应的专业志愿。学生入校之后，会按照专业系科的划分集中居住学习。如此，在校 4 年乃至更长的时间内，学生们将会结识一批未来很可能在职场中成为合作伙伴同学，这是他们事业成功的一张非常重要的网络。尤其是，因为 1952 年的中国院系调整[4]，中国形成庞大规模的专业化高校（相对的，综合类高校数量较少），这些高校往往垄断一个行业的人才培养，成为“某行业的摇篮”。那么从某种意义上来说，能否进入这样的高校甚至成为一个人能否进入相应行业的必要条件——这对于一个人的专业发展和成功太重要了。比如，著名的清华大学被称为“工程师的摇篮”，凸显了其工程科学实力的强悍；西南政法大学被称为“法官的摇篮”，凸显了它在司法界的重要地位，河海大学被称为“水利专家的摇篮”，表明他是水利工程研究方面的雄厚实力等等。在中央电视台（CCTV）的新闻主播台上，大部分新闻主播都是毕业于同一所高校的同一个专业——中国传媒大学播音主持学院，这些新闻主播从工作上来说，他们是同事，但是从教育背景上来说，他们是师兄师弟、师姐师妹。而任何学生只要进入播音主持专业学习了，那么在教育脉络上他与这些中国最著名的新闻主播之间已然有了联系，进而他们再进入“播音”这个行业就会非常容易。从这个意义上说，不进入某个大学、某个专业，也许你就无法获得某一份（类）工作的入场券。

中国大学的质量也绝非浪得虚名，中国社会的各种逻辑规则之所以认可中国的大学教育，事实上是对中国高等教育质量的总体认可，即相信大学培养出来的“人”是“人才”。这背后是中国高校几十年的建设成就。自 1978 年改革开放以来，中国政府和社会各界向高校投入了巨大的资源。尤其是进入 1990 年代以来，随着中国国家经济实力的飞速增长，中国高校尤其是一些重点高校其学术水平、教育档次和国际地位越来越高。据英国《泰晤士报高等教育特刊》（The Times Educational Supplement）揭晓的全球大学声誉排行榜显示，中国的北京大学、清华大学已经连续 3 年进入世界 200 强，2014 年北大的排名是 45，清华的排名是 50。而复旦大学、南京大学、中国科技大学也都排名在 200~300 名之间。这从一个侧面证明了中国高等教育，尤其是重点大学的高等教育的成就。近 30 年来，中国政府也投入巨大的人力、财力，也给予了相当优厚的政策建设高校。从 1998 年到现在，中国政府先后推出“211 工程”[5]和“985 工程”[6]，着力建设了一批优秀大学，尤其是“985 工程”，形成了以 G9 联盟为代表的中国优秀大学的代表。在这些学校里，学生所获得的教育资源、学习到的专业能力，到全国乃至全世界的访学的机会、进一步深造的机会都非常丰富，可以说，中国当代的社会精英们正是这些高校培养的。而审视中国社会各界的成功人士，无论是中国国家总理李克强（北京大学）、中国银行行长周小川（清华大学）、著名企业家柳传志（西安电子科技大学）、“中国 Google”——百度公司的创始人李彦宏（清华大学），无不是中国本土高校自己培养出来的人才。哪怕是各种娱乐明星、媒介红人，也都是相关艺术高校毕业的，如今在国际影坛广为世界熟知的两位中国女演员——巩俐、章子怡都是现在中国考入了相关高校之后才开启了自己的演艺生涯（巩俐读的是中央戏剧学院，章子怡读的是北京电影学院），否则她们进入圈子的机会都没有，根本谈不上事业成功。

那么，在中国，好像是“读大学”就迈上了成功的门槛了，这个信念很坚定，也很令人振奋，也很简单——读大学就好了，但另外一些事实令高等教育的拥趸[7]们很是尴尬。

首先，近年来在中国社会出现了另外一批成功人士，他们卓尔不群，蔑视社会既有的游戏规则，以自己独特的探索也走上了成功之路。从某种意义上说，他们的人生历程是对中国高等教育的一个讽刺和反拨，这类人首先出现在文化领域。

韩寒，被誉为中国 80 后青年人的传奇，他是一个“反大学教育”的成功典范。韩寒目前的身份是作家、赛车手、导演。2014 年夏天，他首次执导的电影《后会无期》第一天票房就达到 1.29 亿人民币，这对于中国国产电影来说是个惊人的数字。而在这之前，韩寒撰写的一系列文学作品如《三重门》、《他的国》等等发行都超过 50 万册，在市场和口碑方面都获得巨大成功。在赛车方面，韩寒获得过亚洲宝马方程式资格赛冠军、中国拉力汽车竞标赛冠军等桂冠，是中国赛车界一颗耀眼的明星。韩寒还被认为非常有正义感，他在自己的博客[8]中对各种社会现象，尤其是中国社会一些丑恶的、不公正的现象发表自己的各种看法，态度冷静、观点犀利。更难得的是，这些文字显示出一种难得的思想独立、意识清醒。

韩寒无疑是个优秀的中国年轻人，但这样一个人在中国却没有读过任何大学。事实上，是他自己放弃了任何读大学的机会，他在读高一的时候退学了，因此他也没有任何机会参加高考。虽然在那个时候他已经显示出惊人的写作能力，但他的这一举措还是令大多数人难以理解。所以，当韩寒退学的时候被问起“以后要拿什么养活自己”的时候，韩寒答曰 :“稿费啊”——这个回答引来一片笑声。而事实上，韩寒却真的做到了。

韩寒以自己的亲身经历证明了不读大学同样也能成功的道理。随着中国社会的发展，社会多元化程度越来越高，成功的可能性越来越多。所谓“条条大路通罗马”（All roads lead to Rome）越来越成为现实。与韩寒齐名的另外一位新锐作家郭敬明的经历同样也证明了高等教育缺失并非会阻碍一个人真正获得成功。郭敬明在文学写作、电影拍摄乃至商业经营方面都有不菲的成就。与韩寒不同的是，韩寒是自己主动拒绝进入大学教育体系，而郭敬明曾经想被这个体系认可，却没有成功。郭敬明曾经于 2002 年进入上海大学学习，念的是影视艺术工程专业，但因为无法适应学校的环境，于 05–06 年休学两年。2007 年重新回到上海大学，但最终还是没能毕业，只是以“肄业”的身份离开了学校。但没有拿到大学文凭丝毫不影响郭敬明在文化领域和商场领域的成就，而且这些成就也被他的母校认可。2014 年 7 月 5 日，郭敬明携他导演的电影《小时代 3》到上海大学进行宣传，上海大学影视学院党委副书记陈伟平代表学院向郭敬明颁发了客座导师聘书，并称“希望郭导传授电影创作及营销经验”。此事一度引发舆论大哗，大家争论的焦点在于“没有大学毕业的人有没有资格在大学上课”。

韩寒和郭敬明都是在文化艺术领域发展自己的事业并获得巨大成功。其它领域也不乏这样的案例。典型之一就是中国 IT 界的巨头、阿里巴巴的创始人马云。马云 1964 年生人，他的青年时代正是中国最重视高校学历的 1980 年代，而那个时候由于大学招生少，大学生是地地道道的“天之骄子”。但马云似乎不走运，他的考试成绩并不好。从小到大，马云不仅没有上过一流的大学，连小学、中学都是三四流的，初中考高中，都考了两次。1982 年，当 18 岁的马云参加高考的时候，他经历了第一次高考落榜。1983 年，马云再次参加高考，再次落榜。直到 1984 年，第三次高考，勉强被杭州师范学院以专科生的英语专业录取录取。因为不是本科，所以也很难说他是那个时代“天之骄子”中的一员。

英语专业教会了马云一定的英语语言的能力，但马云自身所擅长的商业才能，以及对新媒体发展敏锐的感知能力——这些却不是大学教给他的，而是他随着自身经历的丰富慢慢发展起来的。马云的成功来自他对互联网技术的准确判断以及对融资、市场开发的巨大勇气。早在 1999 年，中国互联网市场刚刚起步的时候，马云就正式辞去公职，和他的团队回杭州，以 50 万元人民币开始创业，建立了著名的阿里巴巴网站。1999 年 10 月和 2000 年 1 月，阿里巴巴两次共获得国际风险资金 2500 万美元投入，马云以“东方的智慧，西方的运作，全球的大市场”的经营管理理念，迅速招揽国际人才，全力开拓国际市场，同时培育国内电子商务市场，为中国企业尤其是中小企业迎接“入世”挑战构建一个完善的电子商务平台，这正是阿里巴巴公司正在做的事情，它是当下中国电子商务领域无可争议的翘楚。[9] 马云取得的所有成就可以说都是他自己的学习和努力经历结果，和他普普通通的大学毕业专科文凭并无什么关系。

这样的例子在中国还可以举出很多。不读大学的人往往能以异军突起的状态突破主流社会制定的游戏规则，反而获得巨大的成功。或许有人会说：正如西方谚语“上帝的归上帝，凯撒的归凯撒”(Render unto Caesar the things which are Caesar's, and unto God the things that are God's) 一样，读大学和不读大学是各有各的好处，各自能获得各自的成功。那么，近年来对中国大学铺天盖地的各种批评可能就会颠覆这种说法，中国大学的诸多弊病将会引出另一个命题：读大学不仅没用，甚至对一个人的成长和成才还会产生负面影响。

对中国大学教育最大的诟病是它的“行政化”。“行政化”意味着中国的大部分大学都是由政府主办的，且政府按照自己“行政管理”而非“教育发展”的思路办大学。一个典型的例证就是中国的大学是有行政级别[10] 的，最高级别是副（省）部级，如北京大学、清华大学，最低级别也是副司厅局级，如一般的专科院校。如此，中国的大学校长既是教育专家、教授，同时也是行政官员。由于中国政府是“强势政府”，如此中国的大学就不是“教授办学”，而是“官员办学”。大学行政化带来巨大的教育弊端，广为中国各界批评。比如，学术不独立，容易受到政治力量（比如政府中的教育主管官员）的干预；教学不独立，课程设置、专业设置等等方面相对滞后，导致教授的知识与社会需求脱节，进而导致大学生就业率的降低，等等。

2009 年，中国教育部学生司副司长姜钢透露，当年高考报名人数比 2005 年约减少 40 万。另有 84 万应届毕业生不参加高考，占应届毕业生总人数的 10%。就教育专家卿光亚看来，这正说明了整个中国社会对大学的兴趣正在降低，是中国大学教学质量下滑、无法保障大学生满意就业的恶果的体现。[11]

行政化还带来教育道德的滑坡。高等教育的终极目标应是超越功利的。也就是说，一个人获得了大学文凭，这诚然会帮助他更好地获取财富、地位和个人理想和价值的实现，但理想的大学教育的目标又不能仅限于此，他还应当在于探索真理、完善自我的品德和培养有责任感的公民——这一切都是超功利的，是一种道德指向。但行政化的目标是行政管理的有序性，即大学的目标没有超越一个政府的政治的目标，这样大学就背离了自己应有的社会责任和道德责任，它培养出来的人才一定是不合格的。而当下中国一种普遍的社会共识也是如此——如果行政力量不退出中国，中国的高等教育将没有任何前途，它不仅没有一流学术成果，产生不了合格的教授，当然也培养不出来合格的大学毕业生，读大学根本就不是一条成才之路，而是毁了自己未来的一条道路。这样的说法有些耸人听闻，但未必没有说服力。尤其是出自一些名家之口的时候。北京大学著名教授钱理群先生在一次题为“《理想大学》专题研讨会”上语惊四座，他说：“我们的一些大学，包括北京大学，正在培养一些‘精致的利己主义者’，他们高智商，世俗，老到，善于表演，懂得配合，更善于利用体制达到自己的目的。这种人一旦掌握权力，比一般的贪官污吏危害更大。”此语一经微博转发便立即引起了社会舆论的一片哗然。这提出了一个更严重的教育命题——教育的最终极目标是道德，如果道德不存在，那么一个人的能力越强，其实对这个社会的危害则是更大的。而中国大学目前在这方面是最为缺失的，那么这样的大学我们是不是不上也罢呢？何况，中国社会现状如此开放多元，像马云一样自己创业、像韩寒一样努力写作，或者像成千上万有条件的中国家庭那样——直接将自己的孩子送到西方发达国家读大学，这不正是“条条大路通罗马”呢？

思考至此，我们很难得出结论。我们能够看到的是，不管中国大学怎样被批评，每年的 6 月 7、8 两日，还是有大量的莘莘学子走入考场拼命一搏，力图获得大学学习的机会。而另一方面，不管中国大学自己如何壮大——盖了多少大楼、产生了多少研究成果、在国际大学排名中又前进了多少位，对中国大学教育的反思批判也不绝于缕，甚至越来越多。而这背后凝聚的问题，一个人怎样才叫“成才”，进而，在中国社会独特环境中该怎样才能“成才”——这才是我们真正要仔细思忖的命题。

附录

1. 即普通高等学校招生全国统一考试，又称高等教育入学考试，是中国（港、澳、台除外）最重要的入学考试。国家基本上以高考成绩为依据，将学生分配进与其自身能力和素质匹配的高等院校。由教育部统一组织调度。每年 6 月 7 日、6 月 8 日考试（部分省区高考时间为 3 天）。
2. 《舌尖上的中国》（第二部）之“三餐”，22:10~29:42，网络观看地址：http://www.iqiyi.com/v_19rri0gm58.html?src=frbdaldjunest&vfm=bdvtx&kwid=9740。
3. 话是“天时不如地利，地利不如人和”，出自《孟子・公孙丑下》。它的意思是说，如果想做成一件事情，有利的时机不如有利的地理环境，有利的地理环境不如做这个事情的人大家一起齐心协力。

4. 1952 年 6 月至 9 月，中央人民政府大规模调整了全国高等学校的院系设置，把民国时代的现代高等院校系统改造成“苏联模式”高等教育体系。经过全盘调整后，全国许多高等学校被分拆，大力发展独立建制的工科院校，相继新设钢铁、地质、航空、矿业、水利等专门学院和专业，工科、农林、师范、医药院校的数量从此前的 108 所大幅度增加到 149 所，而高校数量由 1952 年之前的 211 所下降到 1953 年后的 183 所，综合性院校则明显减少。
5. 1993 年 2 月 13 日中共中央、国务院印发的《中国教育改革和发展纲要》及国务院《关于〈中国教育改革和发展纲要〉的实施意见》中，确定了关于大学教育的“211 工程”的主要精神是：为了迎接世界新技术革命的挑战，面向 21 世纪，要集中中央和地方各方面的力量，分期分批地重点建设 100 所左右的高等学校和一批重点学科、专业，使其到 2000 年左右在教育质量、科学研究、管理水平及办学效益等方面有较大提高，在教育改革方面有明显进展，力争在 21 世纪初有一批高等学校和学科、专业接近或达到国际一流大学的水平。并可概括表述为：“211 工程”就是面向 21 世纪，重点建设 100 所左右的高等学校和一批重点学科点。随后，政府确定了“211 工程”的大学名单，并投入巨资进行建设。
6. “985 工程”是我国政府为建设若干所世界一流大学和一批国际知名的高水平研究型大学而实施的高等教育建设工程。名称源自 1998 年 5 月 4 日，江泽民在北京大学百年校庆上建设世界一流大学的讲话。最初入选 985 工程的高校有九所，被称九校联盟，截至 2011 年年末，985 工程共有 39 所高校。此后，教育部表示“985”工程和“211”工程的规模已经稳定，将不会再新增高校。
7. 拥趸是粤语，意思是“坚定的拥护者”。
8. 参阅韩寒的博客：http://blog.sina.com.cn/twocold。
9. 参阅阿里巴巴网站：http://www.1688.com/。
10. 中国行政级别采用行政五级划分为:国家级、省部级、司厅局级、县处级、乡镇科级，各级分为正副职。
11. 卿光亚，李倩：“【十问】为什么有 84 万毕业生放弃高考？”，取自《南方周末》网站，http://www.infzm.com/content/30078。

阅读理解

A. 根据课文，判断下列句子是否符合课文内容，若不符合，请改正过来。

1. ______ 在中国，每年的高考都会成为大家非常关注的新闻事件。
2. ______ 高考是中国国内普遍认为最公平的一种人才培养和选拔机制。
3. ______ 虽然高考对中国的学生很重要，但不少学生仍然认为读大学并非成功的基本条件。
4. ______ 由于社会资源分配不公，导致不同层次和类型的大学毕业生所得到的机会不同。
5. ______ 大学帮助学生建立起人际关系网，能帮助他们有更好的工作和事业发展机会。
6. ______ 韩寒虽然没有获得成功，但他的人生历程是对中国教育系统的讽刺。
7. ______ 人们都认为没有大学毕业的人有没有资格在大学上课。
8. ______ 马云取得的所有成就并不来自于他的学历，而是凭借其自身努力。
9. ______ 中国的大学其中一个很大的问题是行政化现象。
10. ______ 学生的成才与学校盖了多少大楼、产生了多少研究成果并没有太大的关系。

掌握词汇

词汇搭配

教育与成功	综合
1. 学历 / 成就 Xuélì/chéngjiù	1. 身不由己 Shēn bù yóujǐ
2. 高薪 Gāoxīn	2. 出乎意料 Chū hū yìliào
3. 成功的决定因素 Chénggōng de juédìng yīnsù	3. 满意的结果 Mǎnyì de jiéguǒ
4. 奖 / 助学金 Jiǎng/zhùxuéjīn	4. 首要因素 Shǒuyào yīnsù
5. 实习 Shíxí	5. 非营利组织 Fēi yínglì zǔzhī
6. 学术背景 Xuéshù bèijǐng	6. 归根结底 Guīgēnjiédǐ
7. 高中文凭 Gāozhōng wénpíng	7. 来自……的压力 Láizì . . . de yālì
8. 名校 / 非名校 Míngxiào/fēi míngxiào	8. 基于……的假设 Jīyú . . . de jiǎshè
9. 就业市场 Jiùyè shìchǎng	9. 深深扎根于 Shēn shēn zhāgēn yú
10. 知识水平 Zhīshì shuǐpíng	10. 传统价值 Chuántǒng jiàzhí
11. 确保成功 Quèbǎo chénggōng	11. 削弱价值 Xuēruò jiàzhí
12. 大专 / 大学毕业 Dàzhuān/dàxué bìyè	12. 具有竞争优势 Jùyǒu jìngzhēng yōushì
13. 获得学位 Huòdé xuéwèi	13. 齐头并进 Qítóubìngjìn
14. 本科 / 硕士 / 博士学位 Běnkē/shuòshì/bóshì xuéwèi	14. 取得进步 Qǔdé jìnbù
15. 辍学 Chuòxué	15. 从中获益 Cóngzhōng huò yì

拓展词汇

A. 使用上面的词语搭配，完成阅读前导活动中的思路图。你可以加入一些新的本文框和词语在思路图中。

B. 为下表左边的词语选择最正确的搭配，到“北京大学 CCL 语料库检索系统”（点击“汉英双语语料库”，选择“高级查询”；也可以直接输入网页地址 http://ccl.pku.edu.cn:8080/ccl_corpus/advance_search.htm 进入）把生词及其可能搭配的词语输入在两个空白，然后选择“有序相距小于等于”选项并在后面空格填写多少字（例如：30）。然后点击“Search”。（你也可以试试中央研究院现代汉语平衡语料库 http://www.sinica.edu.tw/SinicaCorpus。

北京大学语料库

教育与成功	词语搭配		
1. 文凭	a. 获得	b. 取得	c. 得到
2. 假设			
3. 奖励			
4. 成功			
5. 控制			
6. 优势			
7. 就业			
8. 学历			
9. 进步			
10. 价值			

C. 从表 B 中选出关于”教育和成功”的五个生词，使用每一个单词及相应的搭配词造句：支持或者反对学生应选择直接就业，而不攻读更高的学位。

1. ______________________________
2. ______________________________
3. ______________________________
4. ______________________________

D. 从下列词语中选择适当的填空。

词汇库			
高薪	竞争	身不由己	削弱
出乎意料	从中获益	名校	就业
齐头并进	归根结底	基于假设	学位

1. 这家公司______聘请外国专家当顾问。
2. 该校创办时间不长，已经初具规模，成为全省初中的______。
3. 由于发达国家的贸易保护等因素，发展中国家在劳动密集型产业上的优势有所______。
4. 当今社会的经济竞争______是人才的竞争。
5. 他们的员工队伍训练有素，______意识强。
6. 流过太多的泪，也受了太多的苦，才知道人生很多事情都是______。
7. 我仍然在考虑是否攻读更高的______。
8. 公司决定任命一位 30 来岁的年轻人担任总裁，这个决定让大家都______。
9. ______以上______，这种分析方法的准确性有待于进一步验证。
10. 这种类型的企业有助于为当地创造更多______机会。
11. 经济增长和政治民主是可以______的。
12. 在绝大部分的成功合作中，双方都可以______。

了解词汇意思

A. 从上述的语段搭配中选择合适的词语填入下表中，看看哪些词语在大学申请书或求职简历中能用到，有些搭配词可以用来重复使用。

申请大学	申请工作
• 奖学金	• 名校
• 学位	• 竞争力
•	•
•	•
•	•
•	•
•	•

B. 使用上面的的词汇，与一位同学角色扮演和高校招生人员或人力资源经理面试时的对话，轮流充当不同角色。

C. 用括号中的词汇重写句子。

1. 人们无法想象，他会有这么大的成就。[出乎意料]

   ____

2. 在你开始下功夫练习写作后，你的语法开始有所改善。[进步]

   ____

3. 这个年轻人决定把生命奉献给艺术，而不是完成他的大学学业。[辍学]

   ____

4. 在学校有出色的表现，通常会让别人认为这个人比别人优秀。[竞争力]

   ____

5. 他之所以能在这一岗位上发光发热，与他过去在大学学到的知识密不可分。[学术背景]

   ____

6. 那些从未上过学却享有成功的故事会减低现代社会教育的重要性。[削弱]

   ____

7. 他的博士学位使他和其他求职者相比，更容易得到这一教职。[竞争优势]

   ____

8. 由于我们按照建议办事，因此一直都能顺利完成任务。[满意的结果]

   ____

9. 对于许多年轻女性而言，家庭应该放在第一位，这一想法影响了她们在职场上的发展。[首要因素]

   ____

10. 通过激烈的竞争和不懈努力以获取成功的信念来自于美国梦。[深深地扎根于]

____

语言点二

A. 本单元课文中有用的成语

"万众瞩目"

例句：在中国，每年的高考都会出现万众瞩目的新闻

"屡见不鲜"

例句：至于各种高中生备战高考的故事，更是屡见不鲜，而且极为动人。

"趋之若鹜"

例句：这一切敦促中国年轻人趋之若鹜地参加高考。

B. 请用以上三个成语改写下列的句子。

1. 因为在这场比赛中出色的表现，他成为全场最受人们关注的球员。

____

2. 这种深刻的教训，在人类历史发展过程中是经常出现的。

____

3. 这一地区由于其优美的环境和保存完好的生态，成为了游客们纷纷前来游玩的天堂。

____

C. 请用以上三个成语谈谈中国的高考问题。

讨论文章内容

A. 根据课文内容，与同学一起使用上面的词语搭配回答下列问题。

1. 为什么对于一个国家而言，越多的人民接受教育越好?
2. 根据文章，中国的高考是一种什么样的考试?
3. 你认为中国的高考是公平的人才选拔标准吗?
4. 为何大学学历能够成为含金量很高的标签?
5. 你赞同"一个人的成功除了自己要有能力之外，还要有天时、地利、人和"这种说法吗? 为什么?
6. 有什么例子可以说明社会多元化程度越来越高，成功的可能性越来越多?
7. 中国大学教育的"行政化"是什么意思? 为什么受到人们的诟病?
8. 文章所提到的理想的大学教育的目标是怎么样的? 包括哪些方面?
9. 钱理群先生所说的"利己主义者"有什么样的特征? 为什么大学教育会培养出这样的人?
10. 什么是成才的重要因素? 为什么?

组织分析性的话语

无说服力的议论

A. 在第五单元中，我们讨论了在辩论时可能会发生的五个论证逻辑错误。在这里，我们将学习五个同样无说服力的议论技巧和其特点。

说明	例子
曲解对手	
曲解对手的立场和态度来进行攻击或驳斥。	有神论者不相信动物的进化，但显然动物是会进化改变的。所以，有神论者是错误的。
诉诸情感	
通过操纵情绪而非使用有效的逻辑来赢得一场争论。	你的这种态度和说话的方式是在让我感到很生气。
回避问题	
声称某事是真实的，尽管它尚未被证明如此。	我知道经济发展对环境的破坏是必然的，是毫无疑问的。
虚假的两分	
声明只有两种可能的选择，但事实上有两个以上的选择。	这个世界上只有乐观者和悲观者，我们只能属于其中的一类。
错误地假设	
错误地假设一个事件导致了错误的推论。	科学技术越发达就会导致越多的食品安全问题，因此我们只能限制科技的进步，回归自然生态。

B. 阅读下面的语句，判断他们是是否合乎逻辑。如果你发现其中的逻辑错误，找出它犯得是什么类型的错误。

1. 这些人想要说服你，除非有博士学位，否则你永远都不会成功。但我要告诉你，他们都错了。

   ______

2. 近年来，越来越多的女性接受高等教育，进入各行各业的领导层，但与此同时，经济的发展却有所疲弱。由受过高等教育的女性领导国家会影响政治、经济策略，导致经济衰败，因此应该阻止其发生。

   ______

3. 接受过高等教育的人通常赚得比那些没有接受高等教育的人多得多，这是毫无疑问的。

   ______

4. 如果想要成为富人和名人，要么很有钱，要么家里有背景。

   ______

5. 如果你们家有权有势，你几乎不需要学历就可以找到好的工作。所以往往不是你的学历背景，而是你的出身才是最重要的。

   ______

6. 我每天都要努力工作为你挣学费，给你提供这么好的接受教育的机会。如果你不去上大学，你会让我很伤心。

   ______

7. 今天，越来越多人大学毕业，因此越来越少人愿意做低微的工作，例如环卫工和搬运工。

   ______

8. 我过去的同事可以向你证实我是多么优秀的员工，而且应获得加薪的机会。如果你不信任他们，我可以保证他们能如实反映。

   ______

组织假设

A. 阅读下述对康有为《大同书》的评价，指出康有为提出了什么样的理想社会模式和教育制度？

> 中国近代著名的政治家、思想家、教育家康有为，在其著作《大同书》中向世人描绘了一个“无邦国、无阶级、人人平等、天下为公”的大同社会。他提出了一套在当时社会比较完整的带有乌托邦色彩的教育制度，表现出独到的教育见解和思想。康有为描绘的大同社会是无国家、无阶级、无家庭的社会，这样的社会建立在公有制基础上，由公政府管理社

会事务，人人接受平等的教育。“自慈幼院之教至小学、中学、大学，人人皆自幼而学，人人皆学至二十岁，人人皆无家累，人人无恶习，图书器物既备，语言文字同一，日力既省，养生又备，道德一而教化同，其学人之进化过今不止千万倍矣。”

B. 使用下图所示构建假说的图示，回答关于教育方面的问题。

过去、现在和未来的状况	+	过去、现在和未来的含义
• 如果某事已经发生，则 • 如果某事正在发生，则 • 如果某事在未来发生，则	→	• 其他事就会有不同的结果 • 其他事也会随之发生 • 其他事在未来也会发生

根据康有为对理想社会和教育制度的叙述，回答以下的问题。

1. 假如康有为提出的教育制度在清末开始实施，对中国的历史会有什么样的影响?
2. 假如现在社会正改变成为康有为提出的理想社会，会有什么样的事情发生?
3. 假如当代社会执行了康有为所提出的教育制度，会对中国有什么样的影响?对其未来发展会有何影响?

练习辩论

A. 选择下面其中一个角色来角色扮演，扮演时使用至少 10 个动词。

情境：市政府将举办一场听证会，与市民代表讨论资助高学历就业人员创业的计划是否可行。该计划通过创业基金的方式，赞助高学历就业人员创业（无论其是否存在经济能力不足的问题），鼓励他们开创自己的事业。

<u>角色 1</u>：一位企业代表认为，无法以学历来决定未来的成功与否，因此他反对该计划只针对高学历的人。

<u>角色 2</u>：一位高校教师代表表示，高学历的人更有条件进行自主创业。因此他支持这一计划。

<u>角色 3</u>：一位学生家长代表认为所有的人都应该有机会接受大学教育和政府的资助，因此，他认为政府的创业基金应开放给所有的毕业生，并拨一部分款投入教育的投资。

<u>角色 4</u>:一个低收入家庭的学生认为，创业基金无法帮助低收入家庭的学生就业，摆脱贫困，政府不应该把钱浪费在给无经济负担的人身上。

听力

听前活动

A. 在听录音文本前，预测你将会听到的观点，并填写下列的表格。

我们相信学历能够保障未来的成功	我们相信学历无法保障未来的成功
•	•
•	•
•	•
•	•
•	•
•	•
•	•

听时活动

A. **听录音了解大意：**根据所听到的录音文本，在上述表格中把录音中出现过的观点表示出来，并记下其他你没有想到的观点。

B. **听录音了解细节：**再听一次录音文本，在你所听到的观点前标注“强”或“弱”，并为较弱的观点提出建议，使其更有说服力。

听后活动

A. 你认为哪一方的观点更有说服力？请引用他们的观点来支持你的回答。

B. 每场辩论都有结论部分，预测另一方将会提出什么样的结论。

提出观点的方式：口语

使用修辞技巧

A. 了解下列要点。

技巧要点 1 在这一课中，我们将运用前面章节所教过的五个修辞策略。这些策略为：

1. 假设性问题：假如每个人都获得高学历，社会会如何改变?
2. 定义性问题：接受教育是什么意思?
3. 前因后果的问题：假如大部分的穷人都没有接受最基本的义务教育，可能会有什么样的结果?
4. 价值观问题：政府有道德责任为每一个人提供高质量的高等教育吗?
5. 程序问题：考虑到日益升高的学费，我们如何可以使高等教育更具有普遍性?

B. 复习课文中的重要词语或短语，你可以用这些词语支持你们一方的观点。举例来说，如果你所持的观点是成功的关键是努力工作而不是教育，则寻找可以用来支持你的观点的词语和短语。

C. 使用以下句型列出支持你方观点的论述。辩论时，使用这些论述来支持你的论点，或削弱对方的论点。

1. 假设性问题

____

2. 定义性问题

____

3. 前因后果问题

____

4. 价值观问题

____

5. 程序问题

____

D. 当你在进行辩论准备时，你可以预测对方将会使用什么策略来支持他们的论点。你可以根据这些策略以找到对方的弱点来反驳他们的论点。

复习课文，然后列出五个对方可能会提出的主要论点，然后列出你会如何反驳这些论点。尝试应用五个不同的修辞技巧来回应这些论点。

1. ____________________
2. ____________________
3. ____________________
4. ____________________
5. ____________________

可以套用的句式

A. 下列是用来达成妥协的一些表述。复习这些句型，并将其运用到你的口头和书面的论点。

1. 当谈到 XX，大多数人会赞同……。
2. XX 应该是错误的说法，正确来说……。
3. 我是赞成 XX 的论点的，但我也发现 YY 的争论同样具有说服力。
4. XX 和 YY 都有其各自的道理，但我倾向于……一方，原因在于。
5. 我们应该承认，XX 对于……的看法是正确的，不过，YY 也提出了充分的理由来解释……。

如何应对问题

A. 在辩论时由于某种原因你无法回答其中一个问题，当这种情况出现时，可以使用下面的语句来应付类似的情况。

1. 很遗憾，我无法回答这个问题。
2. 我很抱歉，但是我选择不回答，因为……
3. 恐怕我无法回答你的问题，因为……
4. 虽然这一问题值得进一步讨论，但是我现在无法提供一个好的答案。

口语练习

A. 请围绕“学历是否能决定未来的成功”进行辩论。综合你所有的论点、生词、搭配词和可套用的句型的笔记来帮助你进行辩论。记住，这些笔记只能作为参考，你不能在辩论中照着念出来。

组织辩论：写作

写一篇说明你的立场的文章

A. 写一篇关于教育与就业的议论文，并根据下列原则修改你的文章。

如何修改论文

1. 在修改语言以及句型以前，先考虑文章的内容以及组织。
2. 可考虑把不相关的内容删掉，或是重新构思不完整的概念。修改时，不必对内容执着，若有需要，可在内容方面作出较大改变。
3. 划线标出每段的主题句。如果没有主题句，将主题句补上。
4. 每段应有清晰的主题句，并在其后呼应该主题句。现在重读你刚刚划线的主题句，确定这些主题句支持你的论点。
5. 考虑所有段落在文章中出现的顺序，检查文章组织的逻辑和顺序。
6. 确定你所提出的论据支持你的观点。如没有论据，你的意见仅仅是的你的观点。
7. 确定你的文章能有效地反驳反对的声音，以增强文章的说服力。
8. 校对语法和词汇错误。

学历与经历：观点的阐述

A. 阅读下面的文章并使用上述步骤来评估这篇文章。请指出这篇文章有什么可以改进的地方?

学历因素在实现成功过程中更加重要

一个耐人寻味的问题是，在当下人们很热衷于讨论实现成功的方法的多样性，但关于成功的标准却相当地单一，那就是获取名利。所以，当我们要对实现成功的因素进行探讨之初，首先应该客观地对成功的标准进行厘清。以名利为成功标准实际上是每一个变革与高速发展的时代都会经历的社会心态。早在中国先秦那个兼并如潮的时代,就有“天下熙熙，皆为利来；天下攘攘，皆为利往”(《史记.货殖列传》）的描述。美国著名小说《了不起的盖茨比》(*The Great Gatsby*) 中所描写的美国二十世纪二十年代，也是充斥着名利诱惑的虚华与浮躁。这样的时代往往秩序更迭，社会阶层上下流动,以名利为成功的社会标准,实际上体现了人数占绝大多数的中下层民众改变命运的渴望。今天的中国正处于这样一个时代，人们津津乐道的成功人士，多数时候并非是其所属领域的佼佼者，而是各个领域中的名利既得者。人们艳羡的富商，往往并非有产业积累的实业商人，而是一夜暴富的投机商。甚至于人们愿意谈论的文化人物，也往往并非在文化领域取得了重要成绩的人，而是善于与现代传媒合作从而迅速发家致富的人。比如韩寒、郭敬明等最近十年中崛起于大众传媒的文化明星，其作品在业内普遍被认为是世俗化和低幼化，但大众对他们的评价，则往往集中于他们在媒体的曝光率和富豪榜上的位置，而非其作品本身。

不能否认财富是当代社会成功的重要标准，但绝非唯一标准。这个道理，如同我们很难认同一个花一块钱买中五百万彩票的富翁是社会成功的典范一样。民众，尤其是低龄民众基于对大众明星名利的艳羡而将其奉为成功唯一标准的情况在当代传媒发达的国家十分普遍。奥巴马总统在 2009 年 9 月 8 日面对全美中学生发表了题为《梦想与责任》的演

讲，其中特别谈到："我知道有时候你会从电视上得到这样的印象，你不用做任何艰苦的工作就能发财致富并取得成功，唱饶舌乐、打篮球或称为真人秀明星是走向成功的途径，但实际情况是：你可能不会成为其中的一员，取得成功不是轻而易举的事情。"

纵然在当代成功的途径与标准是多样化的，但具备现代社会道德、现代科学基本常识，以及现代社会程序观念这三点应该是当代社会成功的最低标准。韩寒与他人在媒体上激烈论战时会对着记者镜头伸出中指（侮辱性手势），郭敬明的作品被法院判定抄袭他人却始终拒绝道歉，我想，理智的评判者都不会认为他们符合成功的最低标准。而中国普遍意义上的"成功人士"，即富人之中，有很大一部分迷信江湖术士和骗子（从中国大陆庞大的伪僧侣和相命师团体可以窥见这种浓厚的迷信氛围一二），并且以能够通过社会网络凌驾于社会规则之上和炫耀恶趣味为荣。以上种种反常的社会现象，与现代中国很长时间教育缺位有很大的关系（在文革十年期间，中国基础教育与高等教育呈完全瘫痪状态）。这就是为何在今天特别应该强调学历在实现成功过程中具有更加重要的意义，因为在社会发展日趋健全的将来，成功的标准将从单纯财富的多寡转变为至少具备基本的知识和修养基础上的行业成就，以及对社会做出的贡献。

学历是受教育程度最重要的衡量标准。单纯以胆识和运气闯天下的时代正在渐行渐远。在现代科技、信息爆炸式发展，学科领域不断精细化的今天，人们在青少年时期求取学历过程中所获得的知识与学习能力变得越来越重要。很多人会以香港著名富商李嘉诚的经历来说明社会经历的重要性，李嘉诚曾经说过："（我）12 岁开始做学徒，不到 15 岁就挑起一家人生活的担子，再没有受过正规的教育。当时自己非常清楚，只有我努力工

作，求取知识，才是我唯一的出路，我有一点钱都去买书，记在脑子里面，才去再换另外一本，到我今天来讲，每一个晚上，在我睡觉之前，我还是一定要看书，知识并不决定你一生财富的增加，但是你的机会更加多了，你创造机会，才是最好的途径。"但我们更应该看到的是，李嘉诚并非不看重学历，而是限于家庭条件所迫无法在青年时获得正规学

历，他的真实经历实际告诉了人们知识在现代社会中对于创造人生际遇的重要性，这对于每一个有条件接受正规教育并获取学历的人而言应该是一种鞭策而不是懈怠的借口。

另一方面，随着社会分工的不断细化，现代职业设置与高校学科建设之间

的关系也愈加紧密。专业化的不断加强，使得现代职业的门槛相应提高。社会经历固然可以更加现实地提供一些人情世故和社会阅历方面的经验，但在提供专门化的知识与技能方面已无法与学历型的学校教育相提并论。如果我们将社会经历与学历同样视为外部经历带给人的提升手段，前者更多有赖于个人主观和际遇方面的因素，具有难以预测的特征，而后者更具有客观的可塑性，这是当今社会越来越重视学历型教育的根本原因。当然，学历型教育具有一定的规程性，由此带来的呆板性与人类热爱自由的天性相冲突，社会心态中有一种渴望奇迹、渴望打破常规的潜在期待，这使得人们往往对小概率的另类成功方式赋予了过多的英雄主义神化。在美好愿望和理性思考之间，我们不难对这个问题做出判断。

写一篇说明你的立场的文章

A. 请围绕“学历与经历”话题，写一篇说明你的立场的议论文，文章大约包含 5–6 段。记得在文章中使用你所学到的词语。

自我评价

自我评量

A. 回想一下到目前为止所做的练习，依据下面的评量表回答下列问题并为自己评分。

1. 我已经准备好了这个辩论题目
2. 这个辩论题目激发了我的兴趣
3. 我花了很多时间和努力来准备这辩论题目

1	2	3	4	5	6
完全同意	同意	有点同意	有点不同意	不同意	完全不同意

4. 如果你的答案大部分在红区，你能做些什么移动到蓝色区？如果你大部分的答案在蓝区，你能做些什么留在该区？

____

____

____

____

生词复习

从在本章中你所学过的生词中，选出你觉得在辩论时最有用的十个生词。

1. ______________________
2. ______________________
3. ______________________
4. ______________________
5. ______________________
6. ______________________
7. ______________________
8. ______________________
9. ______________________
10. ______________________

附录A

辩论的结构

说明
许多不同的辩论形式都适用于本文教科书提出的辩论议题。然而，鉴于议会辩论是大学辩论的主要形式，以下的说明和介绍会主要介绍这种辩论格式。

团队和角色
组织一场课堂辩论赛，作者建议采用以下的流程：

1. 把班级分成两队：正方（支持某一观点）和反方（反对某一观点）。通常，每队有四人；不过根据班级大小，每队人数可有所改变。
2. 决定正方和反方对于辩论主题的立场。
3. 正方以“本方认为……”或者“本方……”这样的结构开始每次的辩论。例如，如果辩题是政府应该强制实行财富再分配，那么正方应该解释为什么财富再分配是一个好的做法，而反方就应该说明为什么不是。此外，正方也应该提出一套行动方案，并以哲学性、实践性和关键性的论据作为依据加以说明。正方需要承担澄清说明的压力，反方也必须证明其论点是否有力。
4. 正反方交替发言，每位队员发言时长不定。例如，四至七分钟。这取决于班级人数或经验。在议会式辩论中，队员允许以敲桌子的方式表示赞同发言者所说的。
5. 从辩论开始的第一分钟到最后一分钟结束前，反方的任何一位成员都可以提出一个论点或问一个问题，也称为提出“信息点”。例如，当正方的任何一位成员发言时，反方的任何一位成员都可以起立提出一个新的信息。同样地，当反方的任何一位成员发言时，正方的任何一位成员也可以起立发言。教师/评委负责计时和示意辩手何时可以提出“信息点”。

示意信号
作者建议用以下的方法示意辩手在什么时候可以或不能提出“信息点”，和发言时间结束。

1. 黄卡：在开始的第一分钟和结束的最后一分钟，教师/评委会举起黄卡，示意反方队员不能提出信息点。
2. 绿卡：开始一分钟后，教师/评委会举起绿卡，示意反方成员现在可以开始提出信息点。

3. 红卡：当最后一分钟结束时，教师/评委会举起红卡，示意发言者停止发言并坐下。

表现评估

建议教师使用由美国外语教学委员会评分标准指南（见附录 B）来做评估。

附录 B

写作和演讲的评分标准

	内容	词汇
要求	内容合理完整，包括开头介绍和总结部分。	准确、多样和用词得体
一般	**10–13 分** 作者 / 说话人无法支持他自己的论点。原因包括：缺少证据或者对辩论的分析，因而无法反驳对方的辩论。	**10–13 分** 词汇量非常有限，或者用词不当。不清楚词义。
好（中等）	**14–15 分** 作者 / 辩手基本上能支持自己的论点。适当提供一些证据和分析来支持其论点。能大致反驳对方的辩论。	**14–15 分** 词汇量有限；有时候用词不准确、不得体。
很好（好）	**16–17 分** 作者 / 辩手成功地阐明论点。能够用足够的证据，清楚地说明自己的观点立场。作者 / 发言者能很好地反驳对方的辩论。	**16–17 分** 词汇量丰富，包括使用习语、成语。作者 / 发言者可能只是使用一般性的词语而不是专业术语。偶尔出现用词不准确。
优秀（很好）	**18–20 分** 作者 / 发言者用有力的论据来支持他的论点。他能运用不同的辩论手法来反驳对手的论点，并表现出对问题复杂度的了解。	**18–20 分** 词汇非常丰富，在语用上十分得体。

语法	结构	效果
准确，形式多样	**语篇的数量和组织**	**激发观众继续阅读和听下去的能力**
10–13 分 在简单和复杂的语法造句上均有很严重的问题。在时间、数字或人称代词等方面多次出现错误。	**10–13 分** 丰富而完整的句子和衔接手段。在写作方面，出现段落表达。开头或总结不够完整。	**10–13 分** 文章或演讲缺乏流畅性。演讲充满了较长的停顿 / 文章不连贯。观众很快对这文章 / 演讲失去耐心。
14–15 分 能有效地造出简单的句子，但对于复杂的造句还存在一些小问题。在时间、数字或人称代词等方面出现一些错误。	**14–15 分** 想法能具逻辑性地呈现出来。在写作方面，完整的段落有很清晰的结构和衔接手段；有力的开头和总结。	**14–15 分** 文章或演讲缺乏连贯性。观众很难跟随作者或说话人的思路。
16–17 分 有效地造出复杂的句子，在时间、数字或人称代词等方面偶尔会出错。	**16–17 分** 语言不停留于零散的看法，而能够成为连贯的整体。在写作方面，段落的组织结构都具有逻辑性；有力的开头和总结。	**16–17 分** 文章或演讲十分流畅。观众会觉得这文章 / 演讲有吸引力，想要继续读 / 听。
18–20 分 几乎不出错。	**18–20 分** 论述组织的很好，围绕一个主题展开。在写作方面，有效的开头和总结逻辑地使正文结构清晰。	**18–20 分** 文章或演讲很流利，并带着明确的风格。观众非常有兴趣去读 / 听这文章 / 演讲。